手机网店美工实操

淘宝天猫掌上店铺设计与装修

曹培强　江玉珍　王红蕾　刘冬美　编著

电子工业出版社
Publishing House of Electronics Industry
北京·BEIJING

内 容 简 介

本书以设计理论结合实例的方式，逐步体现手机网店装修的重要性。根据手机网店视觉中所应了解的各个知识点，作者精心设计了多个关于手机网店中可装修区域的相关实例，从手机网店的策划到具体的装修实战，再到具体的推广，一气贯通你所需要的各个知识点，其中包含手机淘宝首页各个装修元素的设计方法、手机淘宝自定义页面各个装修元素的设计方法、手机淘宝设置分类和活动、微海报和微淘推广等综合实例。本书由一线网店装修教师和网店店主编写，循序渐进地讲解了移动端网上店铺装修时所需要的全部知识。全书共分 9 章，依次讲解了掌上店铺企划、掌上店铺设计要领、掌上店铺装修图像处理与制作、掌上店铺后台设置全局与首页运营装修实战、布局掌上店铺自定义页面、掌上店铺设置分类和活动、微海报宣传制作、自媒体公众号与微淘推广、其他自媒体平台。

本书采用案例教程结合理论的编写形式，兼具技术手册和应用技巧参考手册的特点，技术实用、讲解清晰、配套 PPT 课件，不仅可以作为初次开店想自己装修店铺的初中级读者的学习用书，还可以作为大、中专院校相关专业及电子商务方面培训班的教材。

图书在版编目（CIP）数据

手机网店美工实操：淘宝天猫掌上店铺设计与装修 / 曹培强等编著. —北京：电子工业出版社，2019.3

ISBN 978-7-121-29540-9

Ⅰ. ①手… Ⅱ. ①曹… Ⅲ. ①网店－设计 Ⅳ. ①F713.361.2

中国版本图书馆 CIP 数据核字（2019）第 029963 号

责任编辑：高丽阳　　　　　特约编辑：赵树刚
印　　刷：北京捷迅佳彩印刷有限公司
装　　订：北京捷迅佳彩印刷有限公司
出版发行：电子工业出版社
　　　　　北京市海淀区万寿路 173 信箱　　邮编：100036
开　　本：787×980　　1/16　　印张：16　　字数：280 千字
版　　次：2019 年 3 月第 1 版
印　　次：2025 年 1 月第 2 次印刷
定　　价：89.00 元

凡所购买电子工业出版社图书有缺损问题，请向购买书店调换。若书店售缺，请与本社发行部联系，联系及邮购电话：（010）88254888，88258888。

质量投诉请发邮件至 zlts@phei.com.cn，盗版侵权举报请发邮件至 dbqq@phei.com.cn。

本书咨询联系方式：010-51260888-819，faq@phei.com.cn。

前 言

随着电子商务的发展，人们购物的方式已经发生了根本性的变化，对于网络的依赖也越来越严重。只要有网络，买东西和卖东西都可以不用在实体店内进行，在网上就能完成交易。

伴随网店的发展，掌上店铺因不受时间和地点的约束，其浏览量已经完全超过 PC 端淘宝。既然手机淘宝店铺已经壮大为主流购物方式，那么对于手机店铺的要求也就会越来越高，单纯地罗列商品已经不能吸引买家的眼球，对其进行精致的装修已是必然。

对于买家而言，最能够引起购买欲望的除了价格和产品特色，还有网店的整体装修格局和配色，这两点也可以大大刺激买家的购买欲望。对于卖家而言，能够产生经济效益，是他们最大的心愿。在商品价格与特点大体相同的情况下，好的移动端店铺装修界面绝对是提升卖点的有利保证。

市面上流行的掌上店铺装修书籍大多是侧重理论的描述，或者是在一个章节中进行简单讲解。本书则将理论和实例操作相结合，使店铺经营者不但可以对装修的理论有深入的理解，还可以通过书中大量的实例来完成实践操作的过程，使读者更容易了解掌上店铺装修涉及的各个流程，在学习时少走弯路。本书在最初的策划阶段就旨在对店铺装修及推广等方面进行讲解。结合作者的经验和技巧，希望读者能够在体会装修软件强大功能的同时，将设计创意和设计理念体现到网店的视觉效果中，更希望本书能够帮助你解决经营店铺时遇到的设计难题。

本书的作者有着丰富的教学经验与实际网店装修经验，希望能够将自己实际授课和设计装修制作过程中积累下来的宝贵经验与技巧展现给读者，使读者能够在体会手机网上店铺装修的同时，把设计思想和创意通过装修软件体现到店铺整体界面制作的视觉效果上来。

本书特点

本书内容由浅入深，每章的内容丰富多彩，力争涵盖网店视觉及装修的全部知识点，以实例结合理论的方式对网店装修进行讲解，使读者在学习时少走弯路。

本书具有以下特点：

- 内容全面，几乎涵盖了手机网店装修所涉及的视觉图像、配色和整体店铺装修的各个方面。本书从商品图像设计的一般流程入手，逐步引导读者学习手机网店中涉及的各种技能。
- 语言通俗易懂，讲解清晰，前后呼应，以最小的篇幅、最易读懂的语言讲解每项功能和每个实例，让读者学习起来更加轻松，阅读更加容易。
- 实例丰富，技巧全面实用，技术含量高，与实践紧密结合。每个实例都倾注了作者多年的实践经验，每个功能都已经过技术认证。
- 注重理论与实践相结合，本书中实例的运用都从软件某个重要知识点展开，使读者更容易理解和掌握，方便知识点的记忆，进而能够举一反三。
- 通过视频可以更轻松地掌握各个实例的精髓。

本书章节安排

本书共分 9 章，依次讲解了掌上店铺企划、掌上店铺设计要领、掌上店铺装修图像处理与制作、掌上店铺后台设置全局与首页运营装修实战、布局掌上店铺自定义页面、掌上店铺设置分类和活动、微海报宣传制作、自媒体公众号与微淘推广、其他自媒体平台。

本书读者对象

本书主要面向在网上开店并开通手机淘宝业务的初级、中级读者，是一本非常适合阅读的手机网店视觉设计及装修教材。以前没有接触过网上开店或装修的读者无须参照其他书籍即可轻松入门；已经可以自己进行手机网店店铺装修的读者可以快速了解店铺配色、商品调色等知识。

本书第 1、2 章由江玉珍编写，第 3、4、5 章由曹培强、王红蕾、刘冬美编写，参与其他部分编写的有曹培强、江玉珍、王红蕾、刘冬美、陆沁、时延辉、戴时影、潘磊、王君赫、尚彤、葛久平、孙倩、刘绍婕、殷晓峰、张叔阳、谷鹏、赵頔、张猛、齐新、王海鹏、刘爱华、胡渤、张杰、张凝、周荣、周莉、陆鑫、金雨、刘智梅、黄友良、张希、葛久平、蒋立军、张文超、沈桂军、祁淑玲、关向东、刘丹、王凤展、卜彦波、袁震寰、田秀云、刘琳、郎琦、李垚、吴忠民、孙一博、王威、佟伟锋、孙洪峰、杨秀娟、王建红、霍红。

由于时间仓促，且作者水平有限，书中疏漏和错误之处在所难免，敬请读者批评指正。

编　者

轻松注册成为博文视点社区用户（www.broadview.com.cn），扫码直达本书页面。

- **下载资源**：本书如提供示例代码及资源文件，均可在 <u>下载资源</u> 处下载。

- **提交勘误**：您对书中内容的修改意见可在 <u>提交勘误</u> 处提交，若被采纳，将获赠博文视点社区积分（在您购买电子书时，积分可用来抵扣相应金额）。

- **交流互动**：在页面下方 <u>读者评论</u> 处留下您的疑问或观点，与我们和其他读者一同学习交流。

页面入口：*http://www.broadview.com.cn/29540*

目 录

第 1 章
掌上店铺企划

本章重点:

✦ 什么是掌上店铺
✦ 掌上店铺的组成元素
✦ 掌上店铺的制作流程

随着移动端设备逐渐普及，在移动端开设电子商务店铺已经不是新鲜事了，随时随地不受限制的模式，也正好符合年轻人的使用观念。开设并装修一个有自己风格的移动端淘宝店铺，不但可以方便买家随时购买商品，还可以为卖家增加一笔不少的收入。既方便买家又方便卖家的掌上店铺不仅是 PC 端淘宝店铺的一个补充，很多时候这种微运营的收入已经超过了淘宝店铺的收入，如图 1-1 所示。事在人为，再方便的创收方式都是需要付出时间和精力的。

在进行掌上店铺企划前，首先要对掌上店铺的相关知识、制作流程、页面组成及一些专有名词有初步的认识。虽然现在的店铺装修设计都强调专业分工，可是若团队中的每位成员都能具有上述基本知识，对于团队的合作肯定有加分的作用。本章会对掌上店铺流程中的各个部分做讲解说明，让初次进入掌上店铺装修领域的各位读者有章可循。

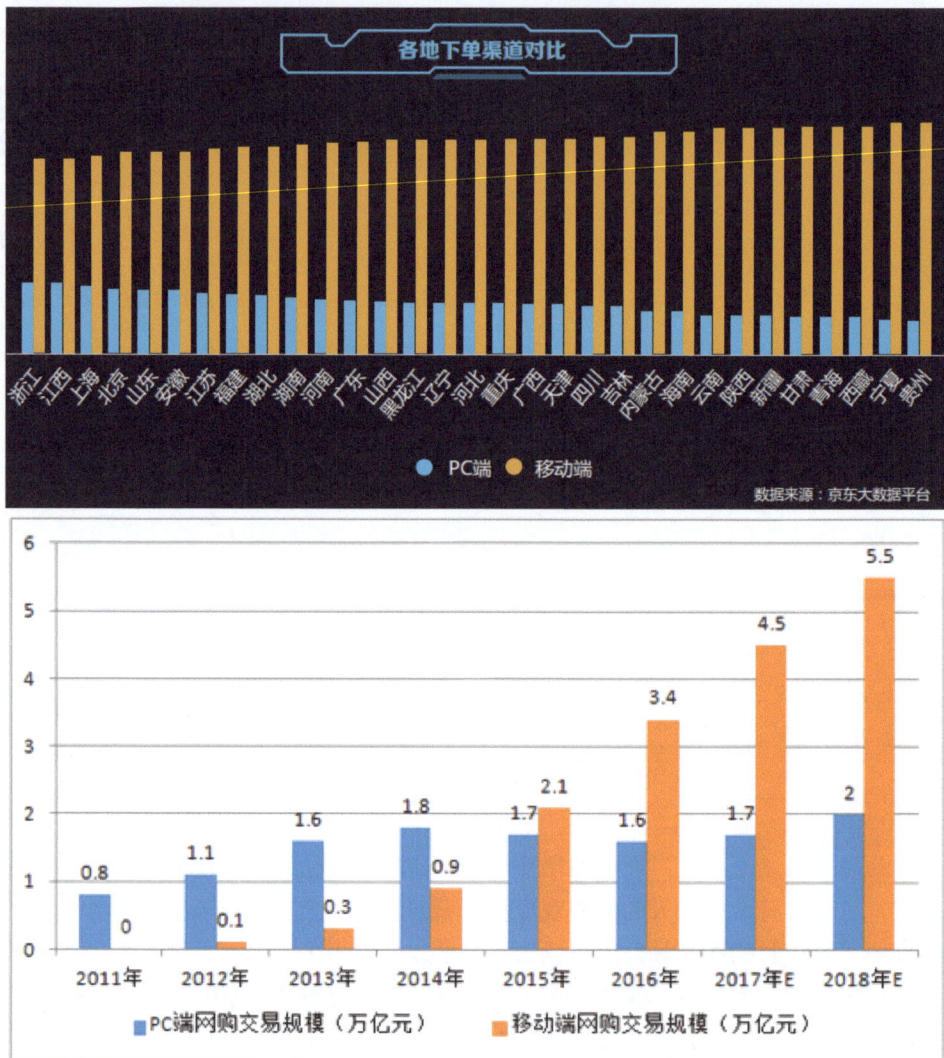

图 1-1　PC 端与移动端店铺占有比例

1.1　什么是掌上店铺

　　掌上店铺，顾名思义，就是在随身携带的手机、iPad 等移动端设备中经营的网店，与 PC 端相比，它最大的好处就是方便。无论使用手机还是 iPad，如果想装修一个个性十足的店铺，必须先在 PC 端进行操作，再通过移动端设备进行管理，淘宝专门开启了一项针对移动端的掌上店铺功能。

掌上店铺有着其他微店所不具备的资源，有淘宝这棵大树作为后盾，在淘宝店铺中已经有了一些固定的用户，并通过手机的便利条件增加更多的流量，从而带来经济效益。

当所有的宝贝界面装修完成后，就要让客户通过移动网络接入我们设计的网店进行浏览，此时放置宝贝及相关元素的页面就是掌上店铺，图 1-2 所示便是网络、掌上店铺及各个装修页面之间的关系。

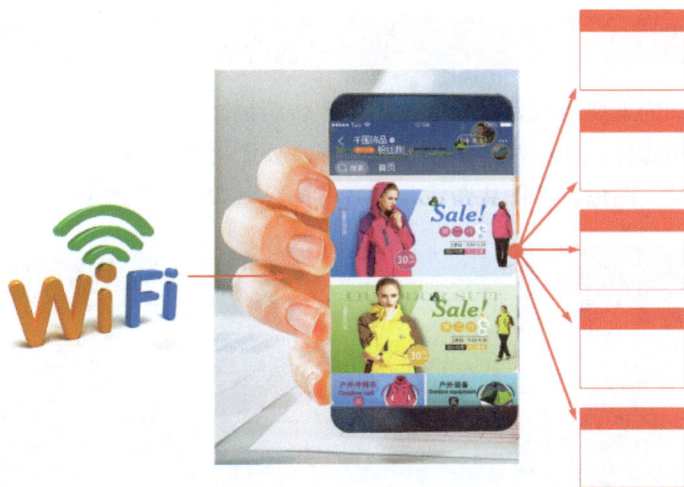

图 1-2　网络、掌上店铺及各个装修页面之间的关系

温馨提示

　　　　为了减少买家与卖家使用手机产生的流量费用，建议大家在 Wi-Fi 环境下进行浏览及管理。

各内容说明如表 1-1 所示。

表 1-1　各内容说明

名　称	内　容
网络	手机运营商提供的 2G、3G、4G 网络或通过 Wi-Fi 提供的网络
掌上店铺	放置网店数据的地方
页面	显示网店内容的网页
首页	浏览者最先看到的网店界面

1.2 掌上店铺的组成元素

掌上店铺的主要组成元素有图片、文字及链接等，文字及图片用来描述掌上店铺的商品资料等内容。掌上店铺当然不可能只有一个页面，因此页面与页面之间的相互链接就起到串联整个网店的作用。

1.2.1 图片

图片是掌上店铺的重要组成元素，主要用来宣传店铺、吸引买家眼球，以及展示店铺中的宝贝。宣传主要使用店标、店招等，吸引买家眼球主要采用单列图像、双列图像、焦点图、新客与老客图像、活动头图像、多图片图像、左文右图等，如图 1-3 所示。

图 1-3　图片

店标

店标通常指的是网店的核心标识，也就是店铺的 LOGO，文件格式为 GIF、JPG、JPEG、PNG，文件大小为 80KB 以内，建议尺寸为 80 像素×80 像素。

开店重在经营，但装修等细节也是不可以忽视的，如店标的设计与装修，当顾客搜索店铺类目，或者收藏店铺的时候，有创意的店标更容易让人记住。

对于一个店铺而言，店标有着相当重要的地位，大到国际连锁品牌，小到零售网店，一般都有自己独特的标志。店标能够代表一个品牌、一种形象，更能给顾客留下深刻的印象，稳定扩展客户群。掌上店铺店标与 PC 端淘宝店标使用的是同一个店标，通常放置在店招的左边。图 1-4 所示为移动端网店店标，图 1-5 所示为一些参考 LOGO。

图 1-4　店标

图 1-5　参考 LOGO

> **温馨提示**
>
> 　　店标的大小为 80 像素 × 80 像素，如果直接在 Photoshop 软件中设计，图片被放大处理后会出现像素块效果，为了更好地编辑，可以新建一个与 80 像素 × 80 像素等比例缩放的图像文档，如 500 像素 × 500 像素，制作完毕后将其缩小为 80 像素 × 80 像素即可。

店招

　　店招就是店铺的门面，即虚拟店铺的招牌。店招一般都有统一的要求，以淘宝网中的掌上店铺来说，大小为 642 像素 × 200 像素，格式为 JPG、PNG、JPEG。店招当然是越吸引人越好，一个好的店招应完全可以体现店铺和所售产品的特点，如图 1-6 所示。

图1-6 店招

宣传店铺商品的广告

在掌上店铺中最能起广告宣传作用的非图片莫属，细分的各种图片模式可以吸引买家的目光，增加店铺的流量，好的图片广告效果绝对会增加店主的收入，如图1-7所示。

图1-7 宣传店铺商品的广告

1.2.2 文字

文字作为掌上店铺的重要组成元素，主要是对宝贝图片进行辅助说明，或者与图片一起美化主题等，如图1-8所示。

图 1-8　文字

1.2.3　链接

如果掌上店铺没有链接，那么最终显示给消费者的界面就是一个主页，其他页面都不会被浏览者看到。换句话说，没有链接的网店就是一个失败的手机页面，根本就不能称之为网店。正确的方式是要有一个页面作为浏览者最先看到的页面，再通过此页面中的超级链接来继续浏览其他页面。浏览者最先看到的页面称为首页，其他页面则是在首页的基础上出现的自定义页面，自定义页面之间也是存在链接交互的，如图 1-9 所示。所以，首页也是一个单纯的网店网页界面，只是它具有让浏览者最先看到的特性，因此设计者通常会在首页美化及网店主题性方面特别下功夫，以便给人良好的第一印象，从而为店铺带来流量和收益。

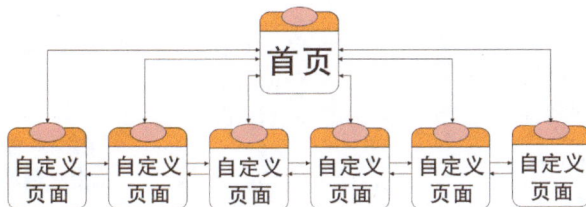

图 1-9　链接

1.3　掌上店铺的制作流程

掌上店铺制作流程是指从主题、整体风格、网站架构、店铺页面组件设计，一直到最后的店铺维护和更新等一系列过程。图 1-10 为掌上店铺设计与装修的主要流程架构及主要内容。

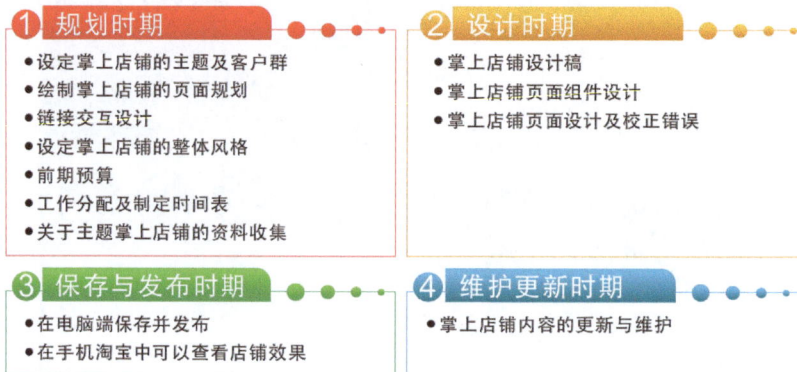

① 规划时期
- 设定掌上店铺的主题及客户群
- 绘制掌上店铺的页面规划
- 链接交互设计
- 设定掌上店铺的整体风格
- 前期预算
- 工作分配及制定时间表
- 关于主题掌上店铺的资料收集

② 设计时期
- 掌上店铺设计稿
- 掌上店铺页面组件设计
- 掌上店铺页面设计及校正错误

③ 保存与发布时期
- 在电脑端保存并发布
- 在手机淘宝中可以查看店铺效果

④ 维护更新时期
- 掌上店铺内容的更新与维护

图 1-10　掌上店铺设计与装修流程图

1.3.1　规划时期

规划是搭建掌上店铺之前的作业，不论是企业还是个人掌上店铺，都少不了规划时期。掌上店铺设计就好比为客户做项目，事先必须经过详细规划及讨论，然后才能凭借团队合作的力量将成果呈现出来。

设定掌上店铺的主题及客户群

掌上店铺主题是指移动端网上店铺的内容及主题诉求，图 1-11 所示为女装网店。

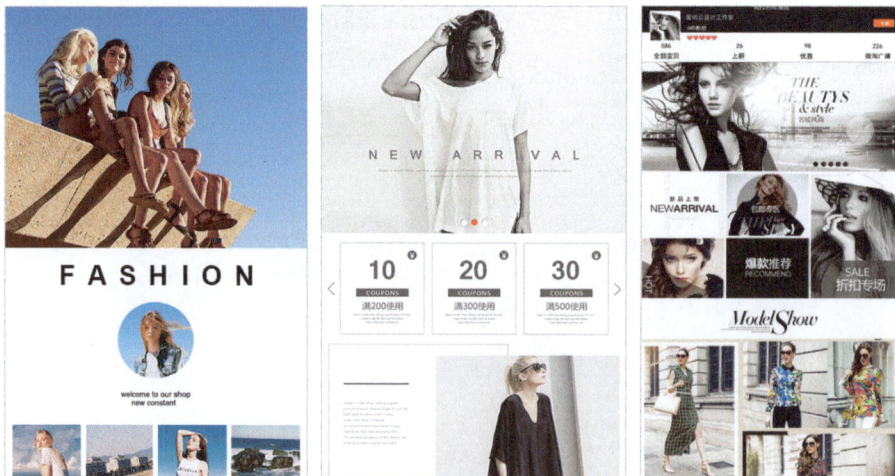

图 1-11　主题鲜明的掌上店铺

客户群指会进入移动端网上店铺页面的主要对象，这就好像市场调查一样，越接近主客户群的产品，市场的接受度越高。同样的宣传主题，针对的人群不同，在设计时就要考虑不同的页面风格，只有这样才能更加贴近客户群体，从而使移动端网上店铺更具有竞争力，图 1-12 所示为针对宠物爱好者设计的宠物用品掌上店铺。

图 1-12　针对宠物爱好者设计的掌上店铺

怎样让移动端网上店铺具有高浏览率就是设计之前的规划重点，虽然不可能为了设计一个掌上店铺而进行市场调查，但是在掌上店铺建立之前，若能先针对网店主题及客户群多与客户及团队成员讨论，必定可以让掌上店铺做得更加成功，也不会因为掌上店铺内容不符合客户的需求，而导致人力、物力及财力的浪费。

绘制掌上店铺的页面规划

掌上店铺页面规划架构图是整个掌上店铺的组织结构，也可将其看作页面的分类方式，可以根据网店主题及客户群设计出掌上店铺需要哪些页面来放置商品及数据。下面以户外商品的移动端网上店铺为例，为其设置一个首页和五个二级页面，如图 1-13 所示。

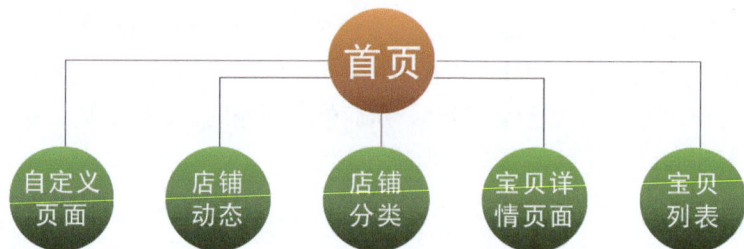

图 1-13　掌上店铺的页面规划

链接交互设计

浏览导航就像商场中的地图一样，会引导浏览者到想要去的地方。但网页上的链接却不能这么直观地引导浏览者，此时链接按钮的设计就显得非常重要。

垂直链接顺序

此种链接顺序是将所有的导航功能放置于首页，使用者必须回到首页才能继续浏览其他页面，优点是设计容易，缺点是浏览时较麻烦。图 1-14 中的箭头就代表浏览者可以链接到的页面顺序。

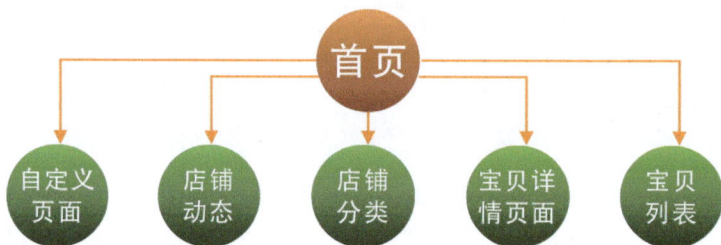

图 1-14　垂直链接顺序

垂直与水平链接顺序

水平链接指的是在同级页面之间可以互相链接。同时具有水平及垂直链接顺序的导航设计便具有浏览容易的优点，缺点是设计上较为复杂，如图 1-15 所示。

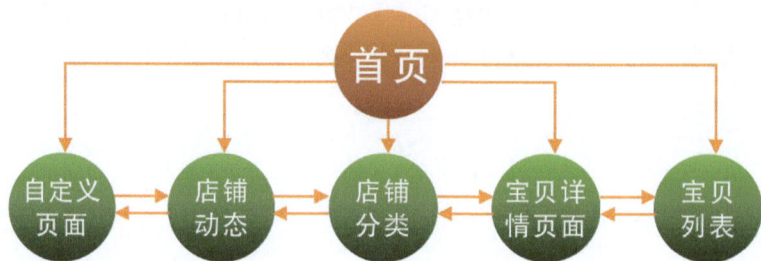

图 1-15　水平与垂直链接顺序

温馨提示

不管各位想要采用何种方式设计链接，一定要经过详细讨论与规划，在每个页面中都放置可直接回到首页的链接。

设定掌上店铺的整体风格

页面风格就是掌上店铺界面的美术效果，可细分为首页及二级页面的画面风格。首页属于掌上店铺的门面，一定要针对主题及客户群两大需求进行设计。二级页面放置掌上店铺中的各项内容，风格和首页保持一致即可，界面不需要太花哨，否则会让浏览者感觉无所适从，找不到重点。

在掌上店铺图像广告设计中，颜色最好保持在三种色系以内，这样的页面会使浏览者感觉非常轻松，不会产生厌烦感。

另外，各个页面中的链接文字或图片数量则是依据掌上店铺主题进行设计的，建议大家先绘制相关草图，由客户及团队成员共同讨论，再将其设计成掌上店铺效果。这样可以避免反复修改，也会给客户一种被重视的感觉。

前期预算

预算费用是掌上店铺设计中最不易掌控及最现实的部分。不论是掌上店铺布局、图像编修，还是请专人设计相关组件、视频动画、店铺动态等，必须支出费用。无论如何，各位都要将可能支出的费用及明细详列出来，以便掌控预算费用，也可以尽量避免后期与客户产生经济纠纷。

工作分配及制定时间表

根据设计团队中每个人的专长来分配掌上店铺开发的各项工作，除了可以让掌上店铺内容更加精致，更可以大大缩减开发时间。

专业分工的缺点是进度及时间较难掌控，因此在分工完成后要再绘制一份开发进度的时间表，将各项设计的内容与进度做详细规划。在团队中也要有一个领导者专职进度掌控、作品收集及与客户的协调作业，以确保设计的整体风格一致，满足客户的需求。

关于主题掌上店铺的资料收集

以建构一个围巾掌上店铺为例，围巾照片、文字介绍及店铺 LOGO 等必须由客户提供。各位可以根据掌上店铺架构中各个页面所要放置的数据内容，列出一份详细的数据清单，并请客户提供，团队中的领导者也要随时和客户保持联系，做团队与客户之间沟通的桥梁。图 1-16 所示为围巾掌上店铺。

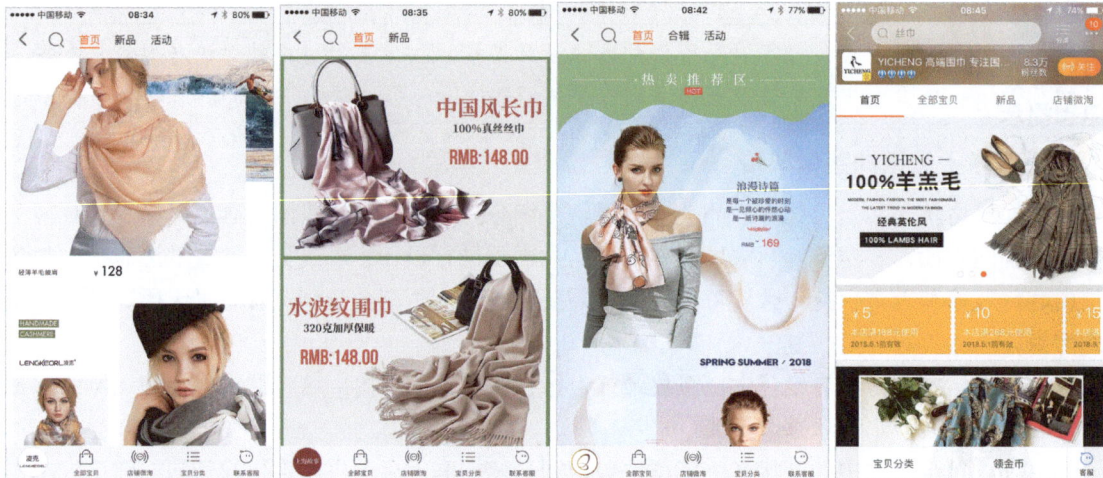

图 1-16 围巾掌上店铺

1.3.2 设计时期

设计时期已经进入掌上店铺实际制作的阶段，最重要的是整合及校正错误。如何让客户满意整个掌上店铺作品，如何呈现整个掌上店铺中页面的功能，如何掌握页面之间的链接，都会在这个时期决定。

掌上店铺设计稿

在与客户沟通完毕后，应该先设计一个最原始的版面，在与客户达成共识后，再对页面中的各个组件进行精确设计。

掌上店铺页面组件设计

在进行掌上店铺设计之前，可以先将店招、素材图案、用于宣传的广告图片及视频动画设计好，再进行效果组合。各个成员根据专长来设计各组件，将客户提供的照片进行调整，对文字做修饰，所有素材都准备好后进行页面整合。

掌上店铺页面设计及校正错误

至此才能算是掌上店铺设计，才会真正运用到装修功能。我们先装修首页、新建自定义页面及店铺动态页面等，然后将设计好的各组件在此进行整合，完成整个掌上店铺的搭建。掌上店铺搭建完成后，必须按照客户的意见进行进一步修改，并且针对掌上店铺中所有的功能内容进行测试，确保内容准确无误。

因此，在设计工作时间表时，要将此测试时间加入其中，免得没有进行测试的时间。

1.3.3　保存与发布时期

保存与发布时期的工作就简单很多，就是将整个掌上店铺内容在装修页面中进行保存并发布，通过手机扫描二维码就可以将掌上店铺的效果展现到手机中，或者在手机浏览器中输入网址打开掌上店铺。

在电脑端保存并发布

通过手机淘宝装修设计与开发的掌上店铺，绝大多数还是在电脑中进行保存并发布操作的。

在手机淘宝中可以查看店铺效果

在手机淘宝装修页面中保存过的掌上店铺，可以直接在手机淘宝 App 中扫描二维码进入，也可以在手机淘宝中直接查找店铺并进行浏览。

我们可以将生成的二维码打印出来，或者将其与其他平面媒体放在一起，好的广告及营销手法可以增加商品的市场占有率。

1.3.4　维护与更新时期

定期对掌上店铺做内容维护及数据更新，是维持掌上店铺竞争力和宣传店铺的不二法门。我们可定期或在特定节日，改变掌上店铺的风格样式，给浏览者带去新鲜感。

数据更新是随时都要注意的部分，避免商品已在市面上流通了一段时间，但掌上店铺中的数据却还是旧数据的情况发生。

另外，掌上店铺内容的扩充也是更新的重点之一。在掌上店铺创建初期，商品内容及种类一般较单一。但是慢慢就需要增加内容，让整个掌上店铺的数据更加完备，建议各位多参考其他同类型的掌上店铺或相关数据书籍，勤做笔记，多下功夫，真正让自己的掌上店铺在同行业中立于不败之地。

第 2 章

掌上店铺设计要领

本章重点:

- ✦ 图像
- ✦ 布局组成图像中的文案编辑
- ✦ 页面内容整体布局
- ✦ 页面图像配色与编修要领
- ✦ 店铺页面安全色
- ✦ 常用图片格式
- ✦ 装修导览图

掌上店铺设计本身就是作品设计的一种,除了注意主题的文字与图像,也要考虑页面布局及配色,让每位浏览者都能对掌上店铺印象深刻。本章会针对页面中的图像、文本、内容布局、配色及一些注意事项做说明,也会介绍掌上店铺图片设计的几种图片格式,以加强大家对掌上店铺设计的认知。

2.1　图像

对掌上店铺进行设计时,图像是不可或缺的一部分,通常起到传达第一视点的作用,从传统的整体图像参与设计到局部参与设计，再到多视角参与及超出范围进行设计制作，这些都是为了吸引买家注意，从而增加店铺流量并产生交易。

2.1.1　商品整体参与设计

　　整体参与设计的图像，可以让浏览者看到商品的整体，在视觉中不会出现丢失的部分。这种设计方法常被用到传统的设计中，优点是买家可以看到商品的全部，缺点是缺少买家对商品的一些遐想，如图 2-1 所示。

图 2-1　商品整体参与设计

2.1.2　商品切断式参与设计

　　被切断的商品图像是完整图像的对立面，视觉上的不完整性会使买家在大脑中自动填补其完整形态，从而停留更长时间。这种设计不但为店铺带来新的视觉感受，还为买家预留了想象空间，如图 2-2 所示。

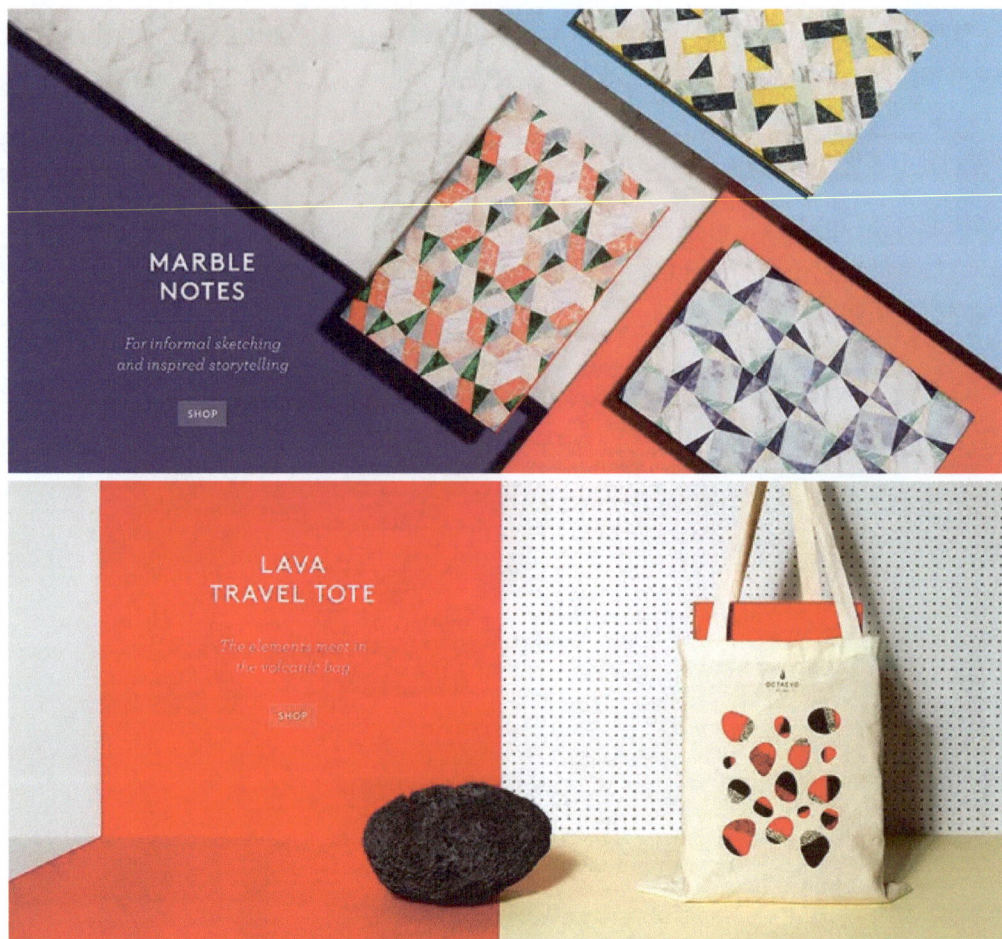

图 2-2　被切断的商品参与设计

技巧：切断图像时，切记不要把图像中的代表区域切掉。保留局部后的图像在固定图像中可以更大化地显示商品的重要部分，以更好地吸引买家的目光。

2.1.3　多视角参与设计

常规视角的图像在设计中已经司空见惯了，并且大多数网店都是以传统视角作为主图进行设计的，这样就会使人产生审美疲劳，对买家的吸引力逐渐降低。因此，我们可以在商品视角的运用上进行大胆尝试，使买家产生新鲜感，让其感觉眼前一亮，无形中就会增加店铺的流量，如图 2-3 所示。

图 2-3　多视角参与的设计

2.1.4　超出范围参与设计

　　超出范围指的就是冲出束缚的版面，也就是素材本身的某个部分在规划设计区以外，以吸引眼球，图 2-4 所示的图像为模特的头部探出了设计区的框架。这种设计方式打破了原有的物体封闭性，产生视觉冲击。

图 2-4　超出范围参与设计

2.2　布局组成图像中的文案编辑

对于网店美工来说，不是只会图像处理就可以了，一幅好的美工作品，文案的作用是至关重要的，起着画龙点睛的作用。

好的文案不但能对商品本身进行详细介绍，还能兼顾整体广告创意。从广告的角度来说，就是将产品卖点通过文字渗透到买家的思维中，让他接受你、认同你，从而产生购买行为。

要做好一个网店美工的文案，不仅要懂得文字方面的知识或技巧，还要了解网店中图像的处理知识。而且，要和美工充分进行沟通，让美工将你的文案想法变成图片展示出来才是关键。

2.2.1　为什么要做文案

移动端店铺中涉及的文案通常与商品本身的图片相辅相成。店铺的推广不仅在于一些网店推广方法的运用，文案也是一个重要的影响因素。华丽而不失优雅、自然而不失人气的店铺文字，和主题的风格相映生辉，可以大大提高宝贝的转化率。优秀的文案策划不仅要做文字功，还要用文字引导销售。文案应该完全融入整张图片当中，作为整体创意的一部分，同时起到吸引眼球的作用，如图 2-5 所示。

图 2-5　文案与图片相融合

2.2.2　文案怎么写

首先要清楚这些问题：为什么要写与图片对应的文案？这篇文案是单独使用还是和其他文案组成一个系列？在整个广告活动中，这篇文案起什么作用？是前期概念宣传，还是直接推动销售，抑或传达促销信息以提高销量？

回答以上问题之后，就了解了写文案的目的就是促进销售，文案的作用就是与消费者进行深度沟通，使每句话都说到消费者心坎里。文案的主题就是市场营销策略围绕消费者展开，软文要配合营销战略，针对消费者猎奇、治疗、健康、美容等心理展开。每篇软文只能有一个主题，常常用一个系列、一个阶段的软文围绕一个主题展开（在一定阶段内，用各篇软文组成一个系列，围绕一个主题进行话题炒作），如图 2-6 所示。

图 2-6　文案

2.2.3　文案在图像中的布局

　　网店美工中的文案布局大体可以分为对齐布局、参照布局、对比布局及分组布局四种，每种布局都有自己的特点，下面就看看这四种布局的具体使用方法。

对齐布局

　　对齐布局通常以边对齐和居中对齐两种形态存在，每种对齐方式都是以产品本身的图片作为依据的。

　　边对齐布局通常会以文本的一端作为对齐线，使文本与整体图片给人以稳重、有力量、统一、工整的感觉，是网店美工中最常见的一种文案布局方式，如图 2-7 所示。边对齐布局比较适合新手操作，只要掌控画面整体，使文本部分在主体边上对齐即可。

图 2-7　边对齐布局

　　居中对齐布局通常会以文本的水平居中位置作为对齐线，或者文本相对整个画面居中，使文本与整体给人以正直、大气、高端、有品质的感觉。在淘宝海报中，居中对齐布局通常要把文字直接写在商品上面，文案部分的遮挡会与主体部分形成立体的感觉，看起来更加具有层次感；若不遮挡主体部分，单纯使文字居中对齐，同样会使整张海报具有大气、上档次的感觉，如图 2-8 所示。

图 2-8　居中对齐布局

参照布局

　　参照布局通常是指根据图片类型将文本部分与图片进行合理布局的方法，文本在图片中主要起到平衡整体的作用，如图 2-9 所示。此布局方法不适合初学者使用。

图 2-9　参照布局

对比布局

一般来说，人们是不喜欢欣赏平淡无奇的东西的，存在对比效果的画面更吸引人。

使用能产生对比效果的排版方法，可以增加画面的视觉效果。产生对比效果的方式有很多，如虚实对比、冷暖对比、字体粗细对比等，如图 2-10 所示。

分析：通过图片之间的对比不难看出，在排版时只使用对齐布局是远远不够的。在对齐布局的基础上加上对比布局，可以使图片的视觉感增加一个层次。在两张图片的对比中可以发现，第二张图片更加吸引人，文案的组织结构也一目了然，更便于浏览者阅读。

注意：

- 找出文案中的重点语句，运用大小对比和粗细对比，强调和区分文字。
- 若将字体进行对比，就要使对比较分明，显示出大的够大、小的够小、粗的够粗、细的够细，让浏览者更容易记住。
- 对比布局不仅增加视觉效果，而且加强了文案的可读性，不要担心字小而使浏览者错过阅读，只要强调的部分吸引住了浏览者，小的文字他们也会下意识地进行阅读。
- 对比布局还可以通过文本与背景的高反差效果进行显示，如果背景按不同的颜色、形状进行绘制，使上面的文字与背景色作为对比，更能吸引浏览者，加强图片的整体视觉效果。

图 2-10　对比布局

分组布局

当文案过多时，就不能单纯地使用对齐布局和对比布局等效果了，此时可以将文本进行分类，把相同的文本信息摆放在一起，这样不仅使整个画面看起来有条理，而且也非常美观，更有利于浏览者进行阅读。每个分类可以被作为一个元素进行重新布局，如图 2-11 所示。

图 2-11　分组布局

2.2.4　活动文案

网店美工的活动文案与纯文本的软文文案不同，需要与素材图片相结合，配合当前活动的要求在设计上还要与整体相呼应，例如店庆活动、节日活动等，既要简练又要突出主题。对于网店美工来说，这是比较考验设计能力的，图 2-12 所示的效果即融入整体的活动文案。

撰写活动文案的目标就是带动流量、提升销量、增加知名度等。在撰写活动文案时要体现以下几个要点。

1. 活动介绍

活动介绍包括活动主题、活动时间、活动地点、目标人群、活动目标、活动背景介绍（如主办方、协办方）等。

图 2-12　活动文案

图 2-12　活动文案（续）

2. 活动规则

活动规则包括活动具体的参与办法、面向人群、具体的奖项设置、评选规则和办法等。

3. 活动实施

活动实施要说明活动的具体实施步骤、具体时间及大概折扣或奖项等内容。

4. 趣味性要强

活动的趣味性越强越好，这样参与的人才会越多。活动的氛围烘托起来之后，自然就达到了撰写活动文案的目的。

5. 得到实惠

只有在文案中让买家看到本次活动的让利力度，才能真正调动买家的积极性。销量增加了，卖家也得到了属于自己的那部分利益，互利、互惠才能更好地将活动持续开展下去。

2.3　页面内容整体布局

页面内容布局是指在整个页面中，各种元素的比重与摆放位置。不同的主题有不同的编排方式，只要能呈现主题风格且方便浏览者阅读，就是好的编排方式。

在对掌上店铺进行布局设计时，大体的布局可分为固定区域和非固定区域。固定区域就是网店的店标和店招，虽然可以对内容进行设计，但是在店铺中的布局位置是不能变的；非固定区域指的是进行宣传的焦点图或广告图、吸引客户的销售排行、增加客户购买欲望的店铺活动或优惠券等。掌上店铺固定区域与非固定区域的大致规划如图 2-13 所示。

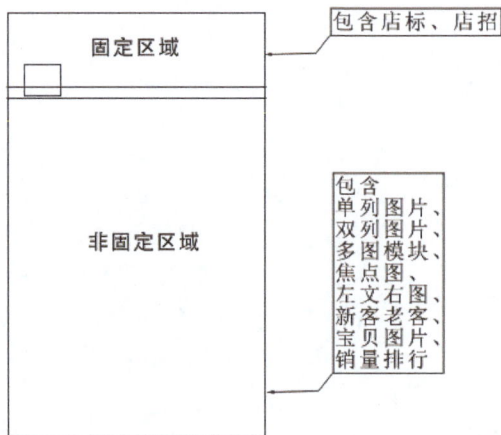

图 2-13　固定区域与非固定区域

目前的布局版式主要有在一屏内先显示排行榜再依次排入其他内容；也有先排入焦点图的，以动感的画面吸引买家；还有将制作的广告画面直接用于一屏的，通过视觉快速吸引买家的目光，提升店铺的流量。不同的版式排序在整体布局中都会按主题的不同做出相应的变化，如图 2-14 所示。

图 2-14　移动端店铺版面布局

温馨提示

　　有些掌上店铺使用其他形式的设计分类页面，利用手机淘宝强大的装修功能，例如双图模块、多图模块、自定义模块等都可作为首屏布局方式，如图 2-15 所示。

自定义模块

双图模块

多图模块

图 2-15　其他模块布局

2.4　页面图像配色与编修要领

　　掌上店铺的页面配色通常是指设计的各个图像区域的色调，将整体色调进行统一，使主题更加鲜明。色彩搭配一定要合理，要与产品相符，这样会给人一种和谐、愉快的感觉，一定要避免容易使人产生视觉疲劳的纯度过高的单一色彩。

2.4.1　色彩搭配

　　色彩与人的心理感受和情绪有一定的关系，利用这一点可以在设计时形成自己独特的色彩效果，从而给买家留下深刻印象，加大产品的售出概率。不同的色彩给人不同的感受，色彩主要按照色相、印象及色系分类。

按照色相分类

常见的色彩搭配按照色相的顺序归类。每类都以该色相为主，配以其他色相或同色相，应用对比和调和的方法，按照从轻快到浓烈的顺序排序。

1. 红色

红色的色感温暖，是一种对人的刺激性很强的颜色。红色容易引起人的注意，也容易使人兴奋、激动、紧张、冲动，还容易造成视觉疲劳。

根据掌上店铺主题内容的需求，单独使用红色为主色调的掌上店铺较少，多将其作为辅助色、点睛色，达到陪衬、醒目的效果。

在众多颜色里，红色是最鲜明生动、最热烈的颜色，因此它也是代表热情的情感之色，鲜明的红色极容易吸引人们的目光。常见的红色配色方案如图 2-16 所示。

图 2-16　红色搭配

> 红色可以和蓝色混合成紫色，可以和黄色混合成橙色。红色和绿色是对比色；红色的补色是青色。红色是三原色之一，能和绿色、蓝色调出任意色彩。

温馨提示

应用红色系的掌上店铺多数以卖婚庆用品为主，红色还会出现在卖女装、化妆品或做店庆活动的页面中，以提醒大家注意，通过配色产生的粉色页面会给人一种温馨的感觉，如图 2-17所示。

图 2-17　红色系掌上店铺

2. 橙色

橙色可以产生轻快、欢欣、收获、温馨、时尚的效果，是给人以快乐、喜悦、能量的色彩。橙色又称橘色，为二次颜料色，是红色与黄色的混合。在光谱上，橙色介于红色和黄色之间。

橙色在空气中的穿透力仅次于红色，而色感较红色更暖，最鲜明的橙色是色彩中感受最暖的颜色，给人以庄严、尊贵、神秘等感觉。许多权贵和宗教都用它装点自己，也常常作为标志色和宣传色。不过，它也是容易造成视觉疲劳的颜色。橙色明视度高，在工业安全用色中，它是警戒色，用于火车头、登山服装、背包、救生衣等。橙色一般可作为喜庆的颜色，也可作为富贵色，如皇宫里的许多装饰。红、橙、黄三色均称暖色，橙色可作为餐厅的布置色，据说可以增加食欲。常见的橙色配色方案如图 2-18 所示。

温馨提示

　　橙色是一种非常惹人注目的颜色。橙色的对比色是蓝色，这两种颜色的彩度倾向越明确，对比强度就越大。除了正宗的对比色橙色和蓝色，橙色和绿色随着纯度的升高，达到的对比效果也很强烈。

#FFCC99	#FFFF99	#99CC99	#FFCC99	#CCFF99	#CCCCCC	#FFCC99	#FFFFCC	#99CCFF
#FF9966	#FFFFCC	#99CC99	#FF9900	#FFFFCC	#336699	#CCCC33	#FFFF99	#CC9933
#996600	#FFCC33	#FFFFCC	#FFFFCC	#CC9933	#336666	#FF9900	#FFFF00	#0099CC
#99CC33	#FF9900	#FFCC00	#FF9933	#99CC33	#CC6699	#FF9933	#FFFF00	#3366CC
#FF9933	#FFFFCC	#009966	#FF6600	#FFFF66	#009966	#990033	#CCFF66	#FF9900
#FF9966	#996600	#CCCC00	#CC6600	#999999	#CCCC33	#CC6600	#CCCC33	#336699
#000000	#FF9933	#999966	#663300	#FF9933	#FFFF66			

图 2-18　橙色搭配

　　橙色主要应用于与食物有关的店铺页面中。由于橙色也是积极活跃的色彩，所以还会经常在家具用品、运动及儿童玩具等掌上店铺中出现，图 2-19 所示的图像是橙色与黄色等邻近色搭配的食品掌上店铺，在视觉效果上井然有序，整个页面看起来非常诱人，使人胃口大开，正好能够体现食品店铺的宗旨。

图 2-19　橙色系掌上店铺

3. 黄色

黄色是阳光的色彩，具有活泼与轻快的特点，给人十分年轻的感觉，象征光明、希望、高贵、愉快。浅黄色表示柔弱，灰黄色表示病态。黄色的亮度最高，和其他颜色配合很活泼，有温暖感。黄色也代表着土地，象征着权力，还具有神秘的宗教色彩。常见的黄色配色方案如图 2-20 所示。

图 2-20　黄色搭配

> **温馨提示**
>
> 　　黄色能和众多颜色搭配，但是要注意和白色的搭配，因为白色是"吞没"黄色的色彩，会使人看不清楚。另外，深黄色最好不要与深紫色、深蓝色、深红色搭配，否则会使人感觉晦涩与失望；淡黄色不要与明度相当的色彩搭配，要拉开明度上的层次关系。黄色与红色搭配可以营造一种吉祥喜悦的气氛；黄色与绿色搭配会显得有朝气活力；黄色与蓝色搭配可以显得美丽清新；淡黄色与深黄色搭配可以衬托出高雅。

黄色与某些食品色彩相似，可以应用于食品类的店铺。另外，黄色具有金色的光芒，代表权力和财富，是一种"骄傲"的色彩，因此很多店铺都会使用它来体现商品的高档与华贵，黄色也可以应用在珠宝首饰店中，图 2-21 所示就是黄色系掌上店铺。

图 2-21　黄色系掌上店铺

4. 绿色

绿色在色谱上位于黄色和蓝色之间，属于较中庸的颜色，给人以平和、安稳、大度、宽容之感，是一种柔顺、恬静、满足、优美、受欢迎之色，也是掌上店铺页面中使用最广泛的颜色之一。

绿色是自然之色，有永恒、欣欣向荣之意，代表生命与希望，也充满了青春活力，象征着和平与安全、发展与生机、舒适与安宁、松弛与休息，有缓解眼部疲劳的作用。

绿色能使人们的心情变得格外明朗。黄绿色代表清新、平静、安逸、和平、柔和、春天、青春、生机。常见的绿色配色方案如图 2-22 所示。

温馨提示　　当绿色中黄色的成分较多时，其就趋于活泼、友善、幼稚；在绿色中加入少量的黑色，其就趋于庄重、老练、成熟；在绿色中加入少量的白色，其就趋于洁净、清爽、鲜嫩。

图 2-22　绿色搭配

　　绿色通常与环境保护有关，也经常被联想到与健康有关的事物，所以绿色系经常会被用于与自然、健康有关的掌上店铺，还经常被用于与生态特产、护肤品、儿童用品或健康食品等有关的掌上店铺，图 2-23 所示就是绿色系掌上店铺。

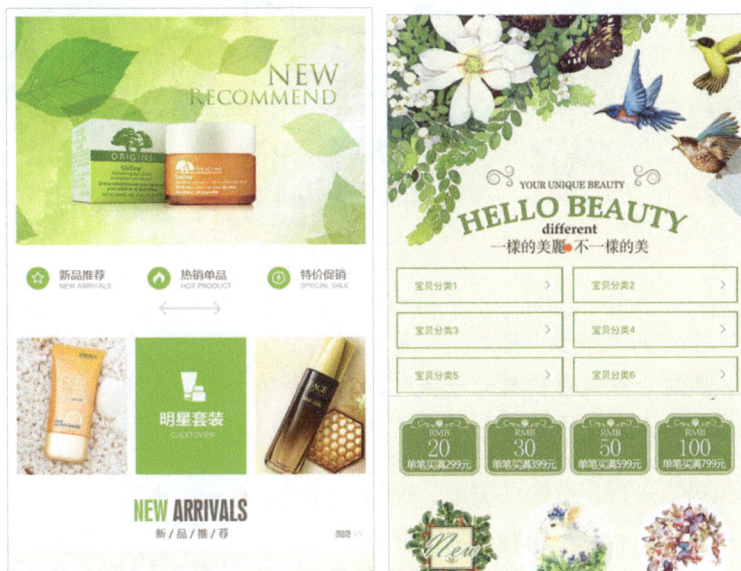

图 2-23　绿色系掌上店铺

5. 蓝色

蓝色是色彩中比较沉静的颜色，象征着永恒与深邃、高远与博大、壮阔与浩渺，是令人心境畅快的颜色。

蓝色代表着朴实、稳重、内向，是活跃且具有较强扩张力的色彩，同时也活跃页面。另外，蓝色又有消极、冷淡、保守等意味。蓝色与红色、黄色等色运用得当，能构成和谐的对比调和关系。

蓝色是冷色调中最典型的代表色，是掌上店铺页面中运用得最多的颜色之一，也是许多人钟爱的颜色。常见的蓝色配色方案如图 2-24 所示。

图 2-24　蓝色搭配

> 在蓝色中添加少量的红、黄、橙、白等色，均不会对蓝色构成较明显的影响；当蓝色中黄色的成分较多时，其就会趋于甜美、亮丽、芳香；在蓝色中混入少量的白色，可使蓝色趋于焦躁、无力。

温馨提示

蓝色表达着深远、永恒、沉静、无限、理智、诚实、寒冷等多种感觉。蓝色会给人很强烈的安稳感，还能够表现出和平、淡雅、洁净、可靠之感等。蓝色多用于科技产品、家电产品、化妆品或旅游类型的掌上店铺，图 2-25 所示就是蓝色系掌上店铺。

图 2-25　蓝色系掌上店铺

6. 紫色

紫色可以说是最具优雅气质的颜色，给人以成熟和神秘之感，是女性的专属色之一。从 T 台秀场到街拍，紫色常出现在人们的视线中，有的优雅、高贵，有的极具街头范儿，大家的精彩搭配，显示出了紫色的百变魔力。然而，紫色并不好驾驭，如果搭配不当则会显得过于老气。紫色的明度在彩色色料中是最低的。紫色的低明度给人一种沉闷、神秘的感觉。常见的紫色配色方案如图 2-26 所示。

图 2-26　紫色搭配

温馨提示

当紫色中红色的成分较多时，其具有压抑感、威胁感；在紫色中加入少量黑色，其就趋于神秘、难以捉摸、高贵之感；在紫色中加入白色，可使紫色沉闷的意味消失，变得优雅、娇气，并充满女性的魅力。

紫色通常被用于以女性为对象或以艺术品为主的掌上店铺。另外，紫色是高贵、华丽的色彩，很适合表现珍贵、奢华的商品。图 2-27 所示为紫色系店铺效果。

图 2-27　紫色系掌上店铺

按印象的搭配分类

色彩搭配虽然复杂，但并不神秘。既然每种色彩在印象空间中都有自己的位置，那么色彩搭配得到的印象就可以用"加减法"来近似估算。如果每种色彩都是高亮度的，那么它们叠加后自然会是柔和、明亮的；如果每种色彩都是浓烈的，那么它们叠加后就会是浓烈的。当然，在实际设计过程中，设计师还要考虑到"乘除法"，比如同样亮度和对比度的色彩，在色环上的角度不同，搭配起来就会得到千变万化的效果。因此，色彩除了按色相搭配，还可以将印象作为搭配分类的方法。

1. 柔和、明亮、温柔

亮度高的色彩搭配在一起就会得到柔和、明亮、温和的感觉。为了避免刺眼，设计师一般会用低亮度的前景色调和，同时色彩在色环之间的距离也有助于避免沉闷，如图 2-28 所示。此类色彩常被用于与女性有关的掌上店铺。

图 2-28　柔和、明亮、温柔

2. 柔和、清洁、爽朗

对于柔和、清洁、爽朗的印象，色环中蓝色到绿色之间的颜色应该是最符合的，并且它们亮度偏高，几乎每个组合都可以有白色参与。当然，在实际设计时，可以用与蓝、绿色相反色相的高亮度有彩色代替白色，如图 2-29 所示。此类色彩常被用于与厨卫有关的掌上店铺。

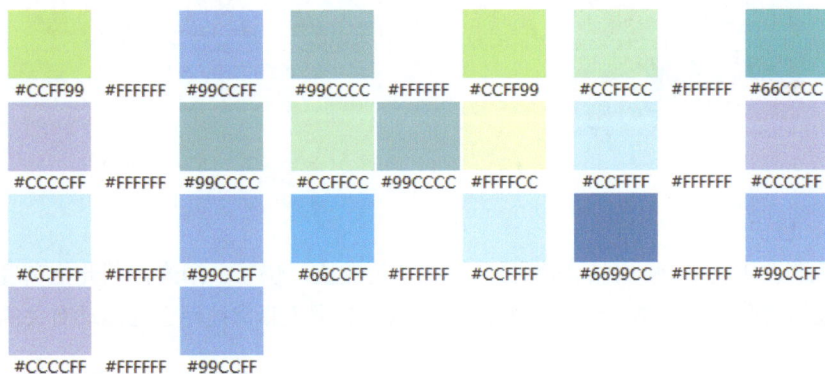

图 2-29　柔和、清洁、爽朗

3. 可爱、快乐、有趣

可爱、快乐、有趣的色彩搭配特点是色相分布均匀、冷暖搭配、饱和度高、色彩分辨度高，如图 2-30 所示。此类色彩常被用于与儿童有关的掌上店铺。

4. 活泼、快乐、有趣

相对前一种印象，活泼、快乐、有趣的色彩选择更加广泛，最重要的变化是将纯白色用低饱和有彩色或灰色取代，如图 2-31 所示。此类色彩也常被用于与儿童有关的掌上店铺。

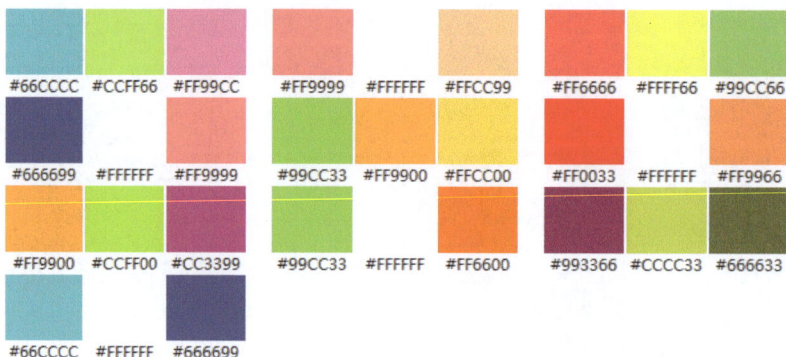

#66CCCC	#CCFF66	#FF99CC	#FF9999	#FFFFFF	#FFCC99	#FF6666	#FFFF66	#99CC66
#666699	#FFFFFF	#FF9999	#99CC33	#FF9900	#FFCC00	#FF0033	#FFFFFF	#FF9966
#FF9900	#CCFF00	#CC3399	#99CC33	#FFFFFF	#FF6600	#993366	#CCCC33	#666633
#66CCCC	#FFFFFF	#666699						

图 2-30　可爱、快乐、有趣

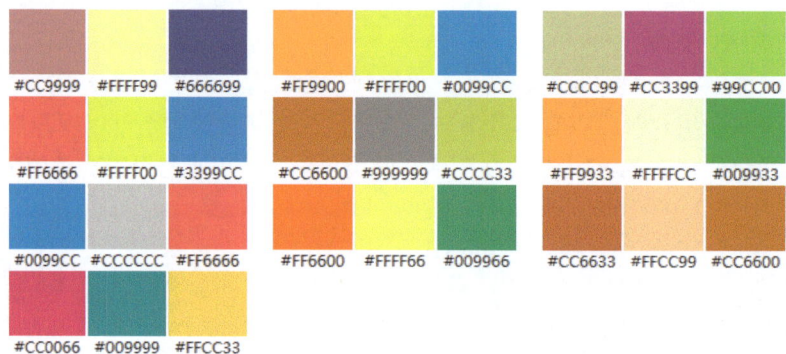

#CC9999	#FFFF99	#666699	#FF9900	#FFFF00	#0099CC	#CCCC99	#CC3399	#99CC00
#FF6666	#FFFF00	#3399CC	#CC6600	#999999	#CCCC33	#FF9933	#FFFFCC	#009933
#0099CC	#CCCCCC	#FF6666	#FF6600	#FFFF66	#009966	#CC6633	#FFCC99	#CC6600
#CC0066	#009999	#FFCC33						

图 2-31　活泼、快乐、有趣

5. 运动、轻快

运动的色彩要强化激烈、刺激的感受，还要体现健康、快乐、阳光，因此饱和度较高、亮度偏低的色彩在这类印象中经常登场，如图 2-32 所示。此类色彩常被用于与运动有关的掌上店铺。

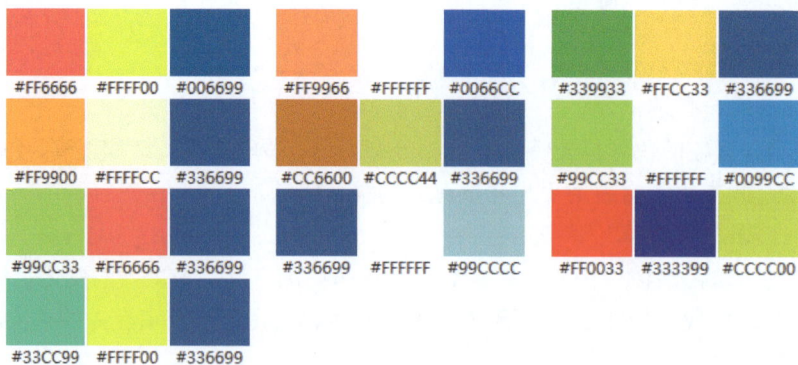

#FF6666	#FFFF00	#006699	#FF9966	#FFFFFF	#0066CC	#339933	#FFCC33	#336699
#FF9900	#FFFFCC	#336699	#CC6600	#CCCC44	#336699	#99CC33	#FFFFFF	#0099CC
#99CC33	#FF6666	#336699	#336699	#FFFFFF	#99CCCC	#FF0033	#333399	#CCCC00
#33CC99	#FFFF00	#336699						

图 2-32　运动、轻快

6. 轻快、华丽、动感

华丽的印象要求页面充斥有彩色，并且饱和度偏高，而亮度适当减弱则能强化这种印象，如图 2-33 所示。此类色彩常被用于与户外运动有关的掌上店铺。

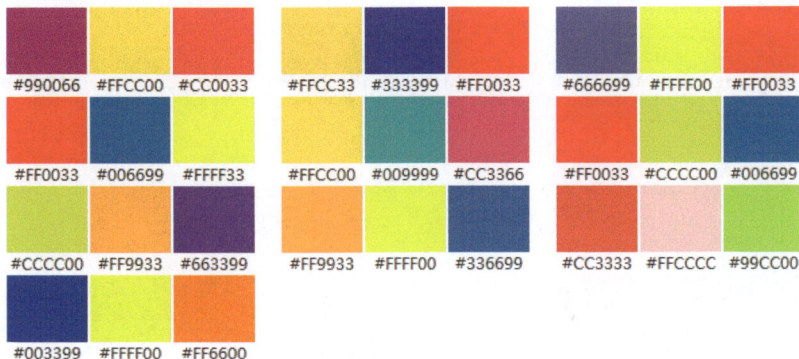

图 2-33 轻快、华丽、动感

7. 狂野、充沛、动感

狂野的印象空间中少不了低亮度的色彩，甚至可以用适当的黑色搭配。其他有彩色的饱和度高，对比强烈，如图 2-34 所示。此类色彩常被用于与户外运动有关的掌上店铺。

图 2-34 狂野、充沛、动感

8. 华丽、花哨、女性化

在女性化的页面中，紫色和品红色是主角，粉红色、绿色也是常用色相。一般它们之间要进行高饱和的搭配，如图 2-35 所示。此类色彩常被用于与女性有关的掌上店铺。

9. 回味、女性化、优雅

要给人以优雅的感觉，色彩的饱和度一般要降下来，一般以蓝色和红色之间的相邻色来搭配，并调节亮度和饱和度，如图 2-36 所示。此类色彩常被用于与女性有关的掌上店铺。

#FFFF99	#993399	#FF99CC	#FF6666	#FFFFFF	#339999	#FF99CC	#003399	#CCFF00
#66CC99	#FFFFFF	#CC6699	#CC3399	#FFCC99	#FF6666	#FFCCCC	#FFFFFF	#993366
#CC6699	#FFFF00	#666699	#CC6699	#99CC66	#663366	#FF33CC	#CCCC99	#663366
#CC3399	#FFCC99	#FF6666						

图 2-35　华丽、花哨、女性化

#CCCCCC	#CC99CC	#CC3399	#FFCCCC	#FF99CC	#CCCCFF	#CC3399	#9933CC	#CC99CC
#9999CC	#FFFFCC	#FFCCCC	#663366	#CCCCCC	#CC99CC	#FF9999	#FFCCCC	#FF99CC
#996666	#CC99CC	#FFCCCC	#CC9999	#CCCCCC	#FFCCCC	#FF9999	#996699	#FFCCCC
#996699	#FFCCCC	#CC99CC						

图 2-36　回味、女性化、优雅

10. 高尚、自然、安稳

高尚一般要用低亮度的黄绿色表示，色彩亮度降下去，注意色彩的平衡，页面就会给人安稳之感，如图 2-37 所示。此类色彩常被用于与老人有关的掌上店铺。

#CCCC33	#FFFF99	#CC9933	#CC9966	#CCCC66	#669999	#FF9966	#996600	#CCCC00
#CCCC66	#660033	#CC6600	#CCCC00	#666600	#CCCCFF	#CC9933	#009999	#FFCC33
#999966	#CCCC99	#339999	#99CC99	#669933	#336633	#666633	#999933	#CC9966
#660000	#CC9900	#CCCC99						

图 2-37　高尚、自然、安稳

11. 冷静、自然

绿色是冷静、自然印象的主角，但是若以绿色作为页面的主要色彩，容易使人陷入过于消极的感觉之中，因此应该特别重视图案的设计，如图 2-38 所示。此类色彩常被用于与茶有关的掌上店铺。

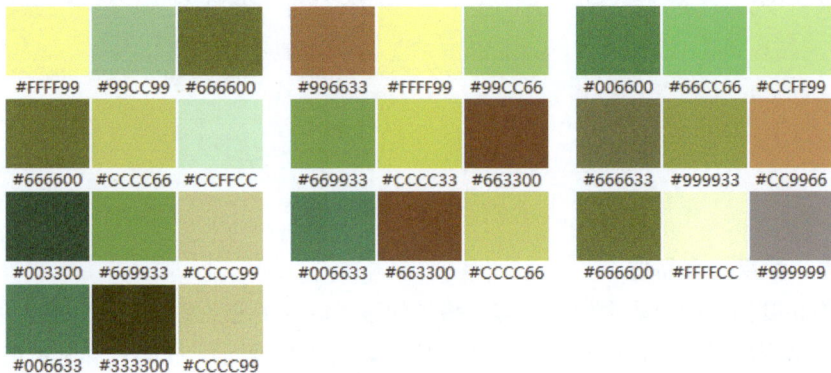

#FFFF99	#99CC99	#666600
#666600	#CCCC66	#CCFFCC
#003300	#669933	#CCCC99
#006633	#333300	#CCCC99

#996633	#FFFF99	#99CC66
#669933	#CCCC33	#663300
#006633	#663300	#CCCC66

#006600	#66CC66	#CCFF99
#666633	#999933	#CC9966
#666600	#FFFFCC	#999999

图 2-38　冷静、自然

12. 传统、高雅、优雅

传统的内容一般要降低色彩的饱和度，棕色是高雅和优雅印象的常用色相，如图 2-39 所示。此类色彩常被用于与家纺用品有关的掌上店铺。

#999933	#FFFFCC	#CC99CC
#CCCC99	#666666	#CC9999
#339966	#CCCCCC	#996699
#CCCC99	#999999	#663300

#CC9966	#666666	#CC9999
#996699	#CCCC99	#669999
#663366	#999999	#CCCCFF

#CCCC99	#333333	#9966CC
#CC9966	#999999	#666666
#996699	#9999CC	#CCCCFF

图 2-39　传统、高雅、优雅

13. 传统、稳重、古典

传统、稳重、古典都是保守的印象，在色彩的选择上应该尽量用低亮度的暖色，这种搭配符合成熟的审美，如图 2-40 所示。此类色彩常被用于与家具建材有关的掌上店铺。

#6699CC	#663366	#CCCC99		#990033	#CCFF66	#FF9900		#666699	#660033	#99CC99
#663300	#FF9933	#FFFF66		#990033	#006633	#CCCC00		#660033	#999933	#660099
#993366	#CCCC33	#666633		#996600	#CCCC66	#666600		#009933	#CC9900	#666666
#666633	#CCCC33	#CC3366								

图 2-40　传统、稳重、古典

14. 忠厚、稳重、有品位

亮度、饱和度偏低的色彩会给人忠厚、稳重的感觉。为了避免色彩过于保守，使页面僵化、消极，这样的搭配应当注重冷暖结合和明暗对比，如图 2-41 所示。此类色彩常被用于与珠宝或仿古产品有关的掌上店铺。

#FFFFCC	#CC9933	#336666		#336666	#996633	#CCCC33		#336633	#990033	#FFCC99
#333366	#669999	#996600		#993333	#CC9966	#003300		#336633	#CCCC99	#333366
#663300	#999933	#333333		#663366	#666666	#333366		#999900	#990033	#CC99CC
#333366	#990033	#CCCCCC								

图 2-41　忠厚、稳重、有品位

15. 简单、洁净、进步

简单、洁净的色彩在色相上可以用蓝色、绿色表现，并且大面积留白。而营造进步的印象可以多用蓝色，搭配低饱和的色彩甚至灰色，如图 2-42 所示。此类色彩常被用于与男性有关的掌上店铺。

#CCCCCC	#FFFFFF	#666699
#CCCC33	#FFFFFF	#336699
#CCCCCC	#003366	#99CCFF
#ABCDEF	#ABCDEF	#ABCDEF

#CCFF66	#FFFFFF	#003366
#0099FF	#FFFFCC	#666699
#0099CC	#CCFF66	#666666

#99CCFF	#FFFFFF	#336699
#99CC33	#CCCCCC	#000000
#3399CC	#003366	#CCCCCC

图 2-42　简单、洁净、进步

16. 简单、时尚、高雅

　　灰色是最平衡的色彩，并且是塑料和金属质感的主要色彩之一，因而要表达高雅、时尚，可以适当甚至大面积使用灰色，但是要注重图案和质感的构造，如图 2-43 所示。此类色彩常被用于与男性用品有关的掌上店铺。

#99CCFF	#FFFF66	#666666
#999999	#CCCCCC	#336666
#999999	#FFFFFF	#333366
#ABCDEF	#ABCDEF	#ABCDEF

#336666	#FFFFFF	#999999
#CCCCCC	#999999	#663366
#669999	#CCCCCC	#666666

#0099CC	#FFFFFF	#666666
#666666	#CCCCCC	#6699CC
#999999	#CCCCCC	#333333

图 2-43　简单、时尚、高雅

17. 简单、进步、时尚

　　简单、进步、时尚的色彩多以灰色、蓝色和绿色作为主导色，在网页中多表示时尚、大方，如图 2-44 所示。此类色彩常被用于经营男性用品的掌上店铺。

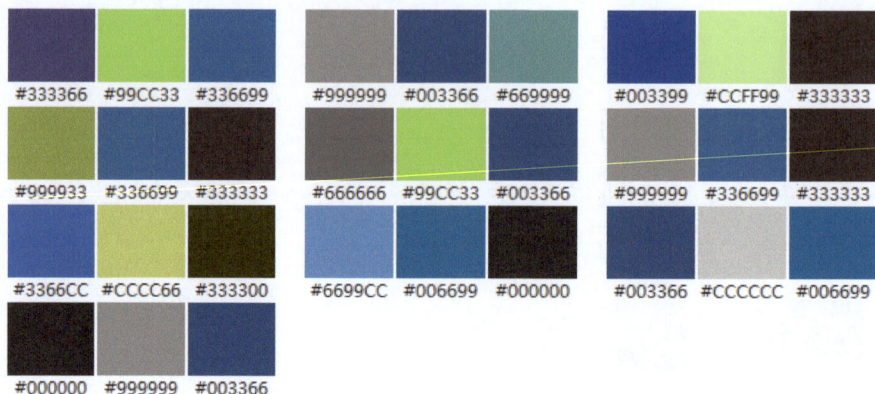

#333366	#99CC33	#336699
#999933	#336699	#333333
#3366CC	#CCCC66	#333300
#000000	#999999	#003366

#999999	#003366	#669999
#666666	#99CC33	#003366
#6699CC	#006699	#000000

#003399	#CCFF99	#333333
#999999	#336699	#333333
#003366	#CCCCCC	#006699

图 2-44　简单、进步、时尚

按色系分类

色系即色彩的冷暖。在色彩学上，根据心理感受把颜色分为暖色系（红、橙、黄）、冷色系（青、蓝、绿）和中性色系（黑、灰、白），图 2-45 所示为冷暖色调分布色相。

图 2-45　冷暖色系

1. 冷色系

青色、绿色、蓝色都属于冷色系，给人以专业、稳重、清凉的感觉，图 2-46 所示为冷色系掌上店铺。

图 2-46　冷色系掌上店铺

2. 暖色系

暖色系是由太阳的颜色衍生出来的颜色，红色和黄色给人以温暖、柔和的感觉。春天色系和秋天色系的人比较适合穿暖色系的衣服，化暖色系的妆，如图 2-47 所示为暖色系掌上店铺。

图 2-47　暖色系掌上店铺

3. 中性色系

中性色系指黑、白、灰三种颜色，可以与任何色系搭配，图 2-48 所示为中性色系掌上店铺。

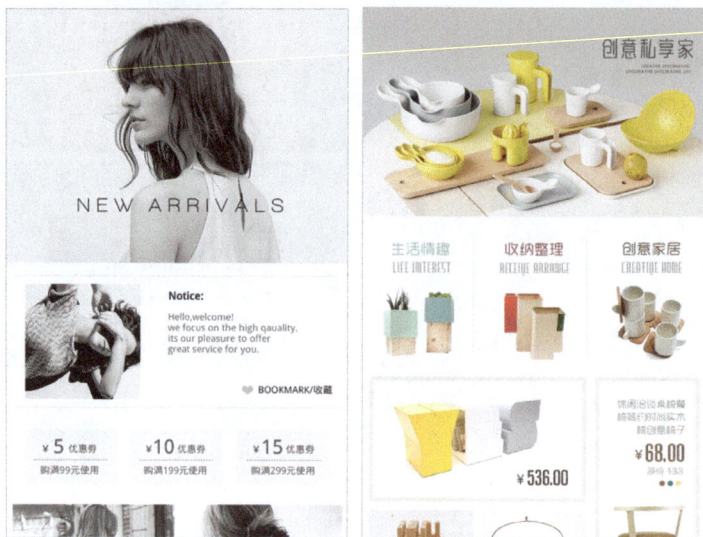

图 2-48 中性色系掌上店铺

若文字与主色调搭配合理，会直接提升整个页面的视觉效果，下面详细讲解图像主色背景与文字色彩的搭配，如表 2-1 所示。

表 2-1

颜色图标	颜色十六进制值	文字色彩搭配
	#F1FAFA	适合做正文的背景色，比较淡雅。配以同色系的蓝色、深灰色或黑色文字都很好
	#E8FFE8	适合做标题的背景色，搭配同色系的深绿色标题或黑色文字
	#E8E8FF	适合做正文的背景色，配黑色文字比较和谐、醒目
	#8080C0	配黄色或白色文字较好
	#E8D098	配浅蓝色或蓝色文字较好
	#EFEFDA	配浅蓝色或红色文字较好

续表

颜色图标	颜色十六进制值	文字色彩搭配
	#F2F1D7	配黑色文字素雅，配红色文字则醒目
	#336699	配白色文字好看些
	#6699CC	配白色文字好看些，可以做标题
	#66CCCC	配白色文字好看些，可以做标题
	#B45B3E	配白色文字好看些，可以做标题
	#479AC7	配白色文字好看些，可以做标题
	#00B271	配白色文字好看些，可以做标题
	#FBFBEA	配黑色文字比较好看，一般作为正文
	#D5F3F4	配黑色文字比较好看，一般作为正文
	#D7FFF0	配黑色文字比较好看，一般作为正文
	#F0DAD2	配黑色文字比较好看，一般作为正文
	#DDF3FF	配黑色文字比较好看，一般作为正文

温馨提示

　　使用颜色配比表，可以大大减少制作者网页配色的时间，还可以在此基础上发挥想象力，搭配出更有新意、更醒目的颜色，使店铺更具竞争力。

2.4.2 色彩调和

两种或两种以上的色彩合理搭配，产生统一和谐的效果，称为色彩调和，通过图 2-49 所示色环颜色对比可以更清楚地了解色彩调和。

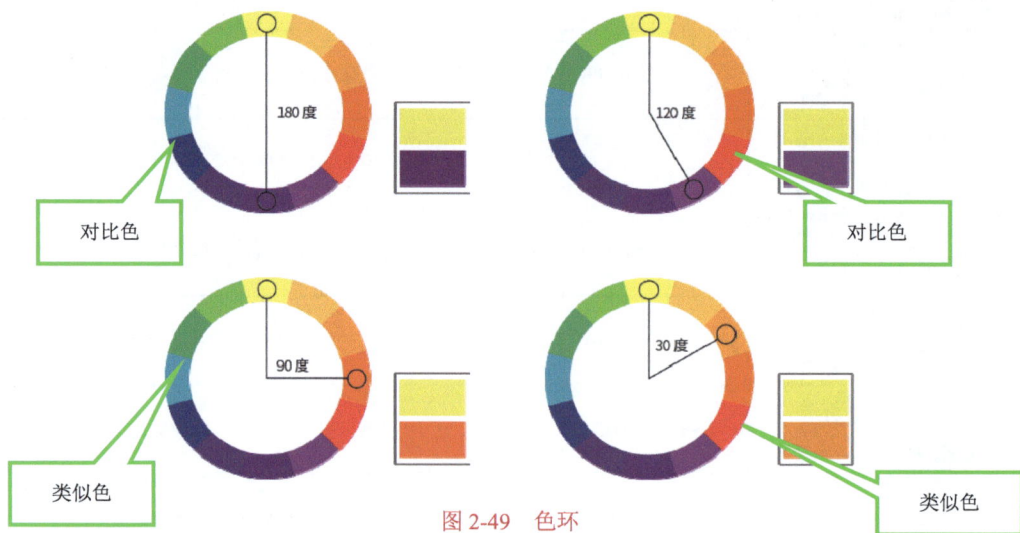

图 2-49 色环

1. 同种色的调和

同种色的调和指相同色相、不同明度和纯度的色彩调和。方法：使色彩循序渐进，在明度、纯度的变化上形成强弱、高低的对比，以弥补同种色调和的单调感，如图 2-50 所示。

图 2-50 同种色配色

2. 类似色的调和

色相接近的某类色彩（如红色与橙色、蓝色与紫色等）的调和，称为类似色的调和。类似色的调和主要通过类似色之间的共同色产生作用，如图 2-51 所示。

图 2-51　类似色配色

3. 对比色的调和

对比色的调和是色相相对或色性相对的某类色彩（如红色与绿色、黄色与紫色、蓝色与橙色）的调和。方法：选用一种对比色将其纯度提高或降低另一种对比色的纯度；在对比色之间插入分割色（金色、银色、黑色、白色、灰色等）；采用面积不同的处理方法，达到对比中的和谐；对比色之间具有类似色的关系，也可起到调和的作用，如图 2-52 所示。

图 2-52　对比色配色

2.4.3　强调色彩

强调色彩又名突出色彩，是网店页面设计时有特殊作用的色彩；是为了达到某种视觉效果时与静态色彩对比反差较大的突出色彩；是在店招中带有广告推荐意义的特殊色彩；是在大段文字中为了突出重点而通过不同色彩加注文字等，图 2-53 所示为作为强调色彩的文字、标签和商品、人物肤色与静态色彩的背景产生了强烈对比。

图 2-53　强调色彩

2.4.4　色彩基本原理

了解如何创建颜色，以及如何将颜色相互关联可以更有效地工作。只有对基本颜色理论进行了了解，才能使作品产生一致的效果，而不是偶然获得某种效果。在对颜色进行创建的过程中，可以依据加色原色（RGB）、减色原色（CMYK）和色轮完成最终效果。

1. 加色原色

加色原色是指三种色光（红色、绿色和蓝色），当按照不同的组合将这三种色光添加在一起时，可以生成可见色谱中的所有颜色。添加等量的红色、蓝色和绿色光可以生成白色，完全缺少红色、蓝色和绿色光将生成黑色。计算机的显示器是使用加色原色创建颜色的设备，如图 2-54 所示。

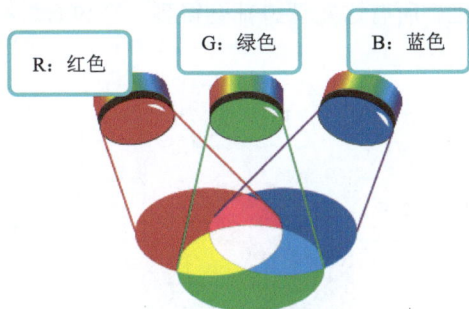

图 2-54　加色原色（RGB）

2. 减色原色

减色原色是指一些颜料，当按照不同的组合将这些颜料添加在一起时，可以创建一个色谱。与计算机的显示器不同，打印机使用减色原色并通过减色混合生成颜色。使用"减色"这个术语是因为这些原色都是纯色，将它们混合在一起后生成的颜色都是原色的不纯版本。例如，橙色是通过将洋红色和黄色进行减色混合创建的，如图 2-55 所示。

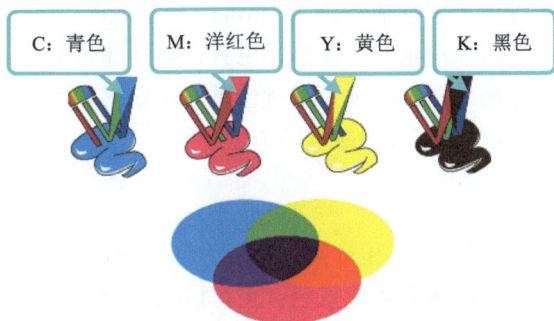

图 2-55　减色原色（CMYK）

3. 色轮

如果你是第一次调整颜色分量，在处理色彩平衡时使用标准色轮图表会很有帮助。可以使用色轮预测颜色分量的更改如何影响其他颜色，并且了解这些更改如何在 RGB 和 CMYK 颜色模型之间转换。

例如，通过增加色轮中相反颜色的数量，可以减少图像中某种颜色的数量，反之亦然。在标准色轮上，处于相对位置的颜色被称作补色。同样，通过调整色轮中两个相邻的颜色，甚至将两个相邻的色彩调整为其相反的颜色，可以增加或减少一种颜色。

在 CMYK 图像中，可以通过减少洋红色的数量或增加其互补色的数量来减淡洋红色，洋红色的互补色为绿色（在色轮上位于洋红色的相对位置）。在 RGB 图像中，可以通过删除红色和蓝色或添加绿色来减少洋红色。所有这些调整都会得到一个包含较少洋红色的整体色彩平衡，如图 2-56 所示。

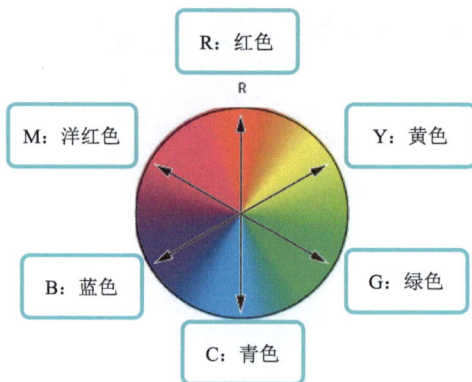

图 2-56　色轮

2.4.5　颜色基本设置

由于掌上店铺中的图像效果多数都是在 Photoshop 中完成的，所以了解如何在 Photoshop 中设置颜色是非常重要的，其可以决定一个作品的生死，结合加色原色、减色原色与色轮，可以更有效地进行工作。那么如何才能更好地设置颜色是非常重要的工作，本节就为大家详细讲解通过 "颜色"面板和"色板"面板设置颜色的方法。

"颜色"面板

"颜色"面板可以显示当前前景色和背景色的颜色值。拖动"颜色"面板中的滑块，可以利用几种不同的颜色模型来编辑前景色和背景色；也可以从显示在面板底部的四色曲线图中的色谱中选取前景色或背景色。在菜单中执行"窗口/颜色"命令，即可打开"颜色"面板，如图 2-57 所示。

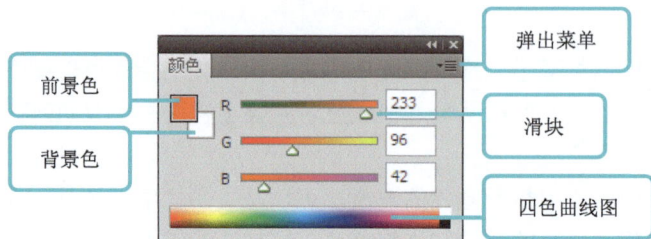

图 2-57　"颜色"面板

选择"前景色"图标，可以通过拖动滑块设置前景色，也可以在四色曲线图中设置前景色，如图 2-58 所示。

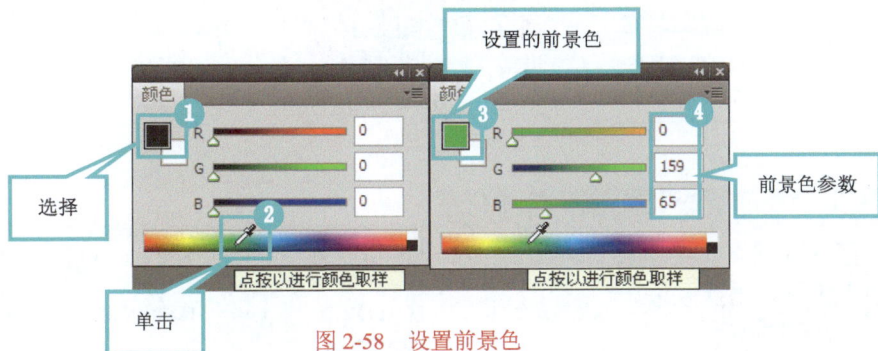

图 2-58　设置前景色

背景色的设置方法与前景色相同，单击"弹出菜单"按钮会弹出对应的菜单，在此处可以选择其他颜色模式，不同颜色模式的"颜色"面板也是不同的，选择过程如图 2-59 所示。

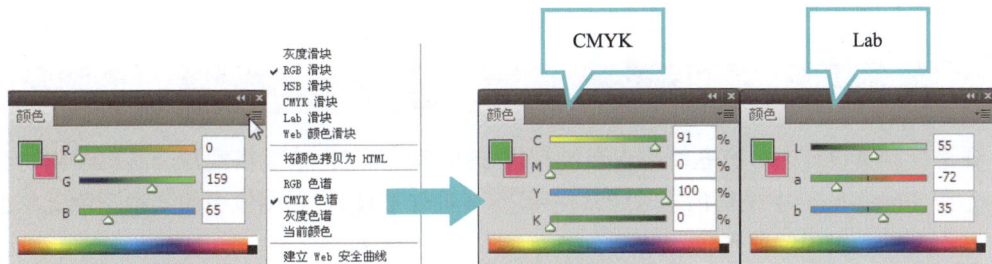

图 2-59　更改颜色模式面板

温馨提示　　当你选取不能使用 CMYK 油墨打印的颜色时，四色曲线图左上方将出现一个内含惊叹号的三角形 ⚠；当你选取的颜色不是 Web 安全色时，四色曲线图左上方将出现一个立方体 ⬚。

"色板"面板

"色板"面板可存储经常使用的颜色，可以在此面板中添加或删除颜色，或者为不同的项目显示不同的颜色库。在菜单中执行"窗口/色板"命令，即可打开"色板"面板，如图 2-60 所示。

在面板中单击"创建前景色的新色板"按钮，可以将前景色添加到色板中，如图 2-61 所示；拖动色板中的颜色到"删除"按钮上可将其删除，如图 2-62 所示。

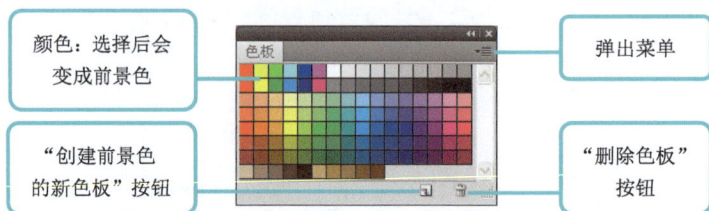

颜色：选择后会变成前景色

弹出菜单

"创建前景色的新色板"按钮

"删除色板"按钮

图 2-60　"色板"面板

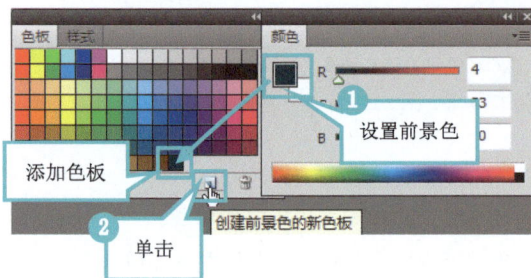

添加色板

设置前景色

选择色板

拖动色板到此处

单击

创建前景色的新色板

删除色板

图 2-61　添加色板

图 2-62　删除色板

2.4.6　色彩采集

在进行网页设计时，有些制作人员没有色彩知识，那怎样才能搭配与产品相呼应的页面色彩呢？在 Photoshop 中采集色彩时通常使用 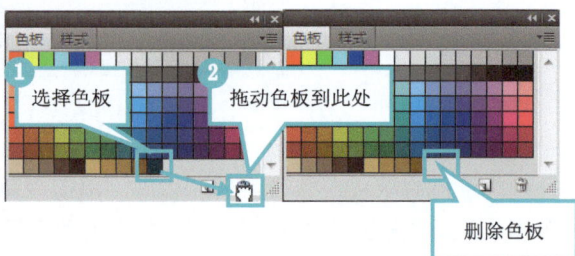（吸管工具），在图像中的某种颜色上单击，就会将其作为工具箱中的前景色，如图 2-63 所示。

图 2-63　吸取颜色

此时在"拾色器"面板中可以看到当前采集的颜色信息，如图 2-64 所示。

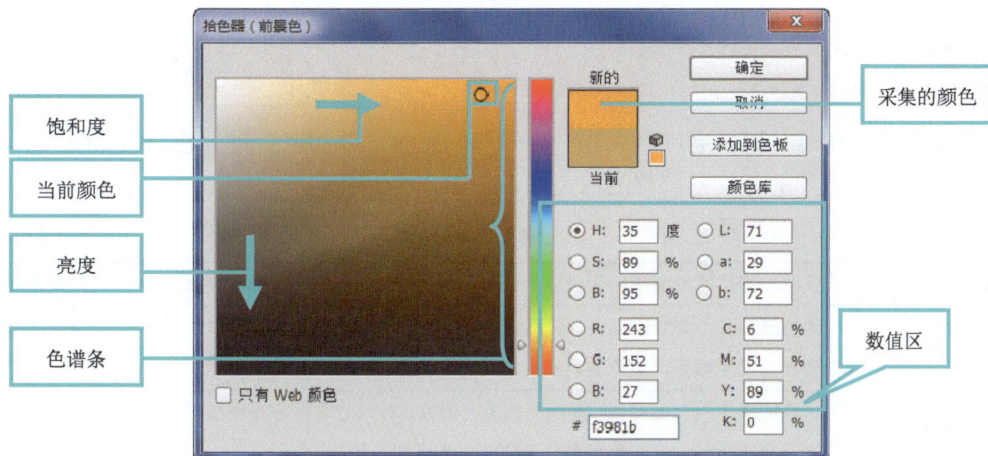

图 2-64　"拾色器"面板

如果在数值区更改数字，会清晰地看到之前的颜色与更改后的颜色，如图 2-65 所示。

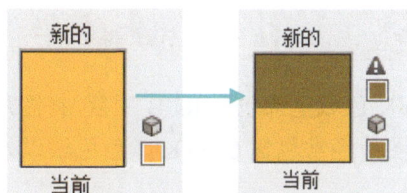

图 2-65　改变数值时的颜色对比

勾选"只有 Web 颜色"复选框后，在"拾色器"面板中只会显示应用于网页的颜色，如图 2-66 所示。采集完毕的颜色就可以作为产品的主色、辅助色或点缀色。

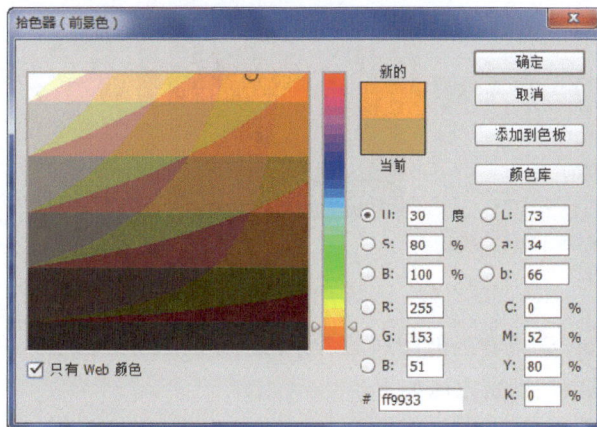

图 2-66　应用于 Web 的颜色

2.4.7　调整颜色建议

在进行商品网拍时，通常会涉及人物、场景等，有时需要对照片进行相应的调整，因此就要了解对拍摄后的照片进行色彩调整的相关知识，如表 2-2 所示。

表 2-2

人　　物	发丝应当尽可能清晰，牙齿应当洁白，纯白会使图像失真，发黄或发灰会让人觉得不舒服
织　　物	黑色或白色不要过于鲜亮，否则会失真。黄色的百分比太高会使白色显得灰暗，青色值太低会使红色发生振荡，黄色值太低会使蓝色发生振荡
户外景色	检查图像中的灰色物体，确保灰色没有偏色。对天空进行色彩调整时，洋红色和青色的关系决定天空的明暗，洋红色增多时天空会由亮蓝变为墨蓝
雪　　景	雪不应该为纯白色，否则会丢失细节，应集中精力在高光区域添加细节
夜　　景	黑色区域不应为纯黑色，否则会丢失细节，应集中精力在阴影区域添加细节

2.4.8　识别色域范围以外的颜色

大多数扫描的图片在 CMYK 色域里都包含 RGB 颜色，将图片转换为 CMYK 模式会轻微地改变这些颜色。数字化创建的图片经常包含 CMYK 颜色色域以外的 RGB 颜色。

注意：色域范围以外的颜色可以被"颜色"面板、"拾色器"面板和"信息"面板中颜色样本旁边的惊叹号标识，如图 2-67 所示。

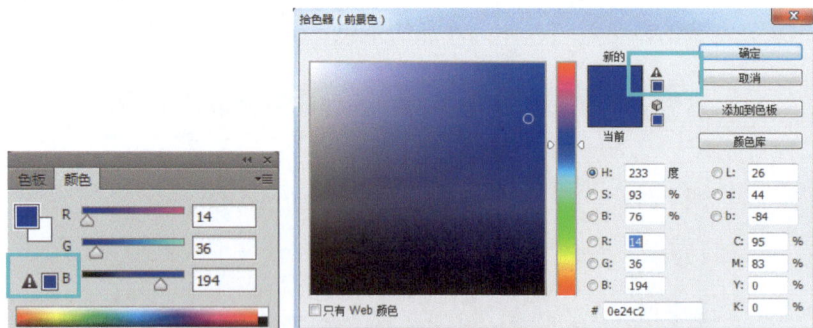

图 2-67　加色原色（RGB 颜色）

可以通过 Photoshop 来查看当前图片是否存在色域范围内的颜色，色域范围以外的颜色指的是打印时超出颜色范围，识别方法如下。

操作步骤

（1）启动 Photoshop 软件，打开一张户外沙滩的图片，如图 2-68 所示。

（2）执行菜单命令"视图/色域警告"，Photoshop CC 将创建一个颜色转换表，并用中性灰色显示在色域以外的颜色，如图 2-69 所示，在人物衣服上出现了大面积的灰色。

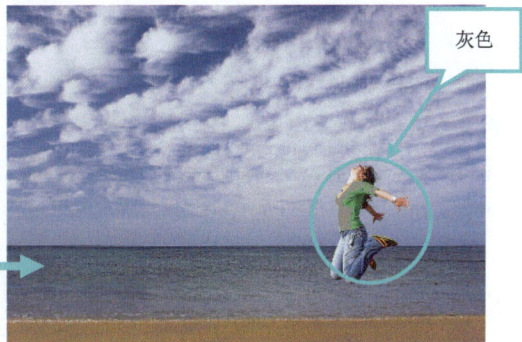

图 2-68　素材　　　　　　　　　　　　　图 2-69　色域警告

（3）为了将颜色放到 CMYK 色域中，执行菜单命令"图像/模式/CMYK 模式"，色域警告的颜色就会消失，效果如图 2-70 所示。

图 2-70　转换为 CMYK 模式

2.5　店铺页面安全色

由于手机淘宝店铺也是借助网络运行的网页效果，所以要遵循网页安全色。网页安全色是当红色、绿色、蓝色的颜色数字信号值为 0、51、102、153、204、255 时构成的颜色组合，一共有 6×6×6＝216 种颜色（其中彩色为 210 种，非彩色为 6 种），如图 2-71 所示。

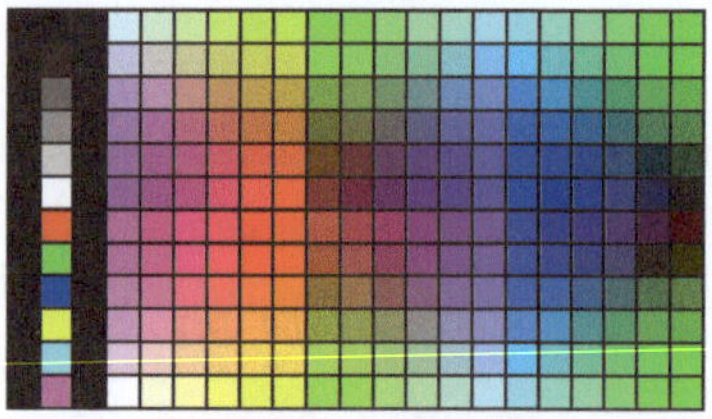

图 2-71　颜色表

216 网页安全色是指在不同硬件环境、不同操作系统、不同浏览器中都能够正常显示的颜色集合（调色板），也就是说，这些颜色在任何终端设备上的显示效果都是相同的。所以使用 216 网页安全色进行网页配色可以避免原有的颜色失真问题。

详细的网页安全色如图 2-72 所示。

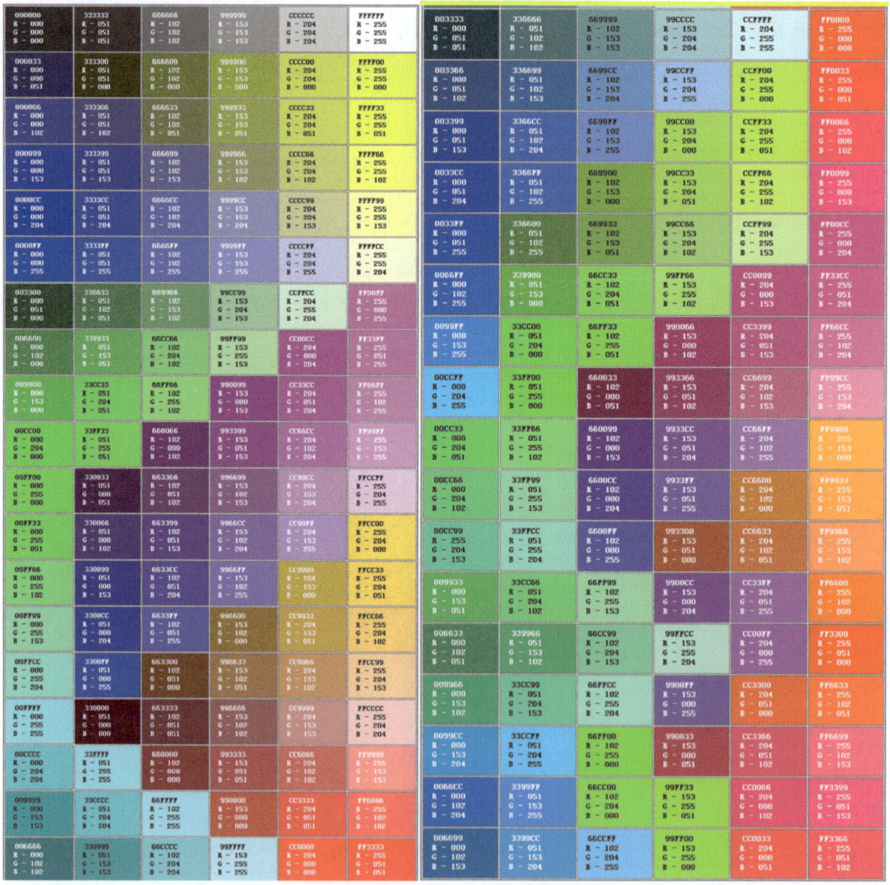

图 2-72　详细的网页安全色

2.6　常用图片格式

掌上店铺中的图片通常是按照手机支持的图片格式进行制作的，经常用到的图片格式主要有 JPEG、GIF、PNG 格式等。

JPEG 格式

JPEG 格式的图片被打开时自动解压缩。压缩级别越高得到的图片品质越低；压缩级别越低得到的图片品质越高。在大多数情况下，"最佳"品质选项产生的效果与原图片几乎无分别。

JPEG 格式的图片保留 RGB 图像中的所有颜色信息，但通过有选择地扔掉数据来压缩文件。

GIF 格式

图形交换（GIF）格式是在 World Wide Web 及其他联机服务上常用的一种文件格式，用于显示超文本标记语言（HTML）文档中的索引颜色图形和图像。GIF 格式是用 LZW 压缩的一种格式，目的在于最小化文件大小和电子传输时间。GIF 格式保留索引颜色图片中的透明度，但不支持 Alpha 通道。

GIF 格式支持动画和透明背景，因此被广泛应用在网页文档中。但是 GIF 格式使用 8 位颜色，仅包含 256 种颜色，因此，将 24 位图像优化为 8 位的 GIF 格式时会损失部分颜色信息。

PNG 格式

便携网络图形（PNG）格式是作为 GIF 格式的无专利替代品被开发的，用于无损压缩和在 Web 上显示图片。与 GIF 格式不同，PNG 格式支持 24 位图像，并产生无锯齿状边缘的背景透明度，但是某些 Web 浏览器不支持 PNG 图像。PNG 格式支持无 Alpha 通道的 RGB、索引颜色、灰度和位图模式的图像。PNG 格式保留灰度和 RGB 图像中的透明度。

提示　　用于网页中的图像被压缩得越小，被打开的速度越快，但是被压缩后图像都会丢失自身的一些颜色信息。

2.7　装修导览图

在对掌上店铺进行装修时，要先绘制一个装修导览图，在导览图中可以查看具体需要装修的区域，图 2-73 所示为掌上店铺装修导览图。

```
                                    ┌─ 店标
                                    ├─ 店招
                                    ├─ 焦点图
                                    ├─ 单列图像
                                    ├─ 双列图像
                                    ├─ 多图模块
                         ┌─ 首页 ───┼─ 左文右图模块
                         │          └─ 新客与老客模块
                         │                    ┌─ 焦点图
                         │                    ├─ 活动头图片
                         │                    ├─ 单列图像
              掌上店铺装修 ┼─ 自定义页面 ───────┼─ 双列图像
                         │                    ├─ 多图模块
                         │                    └─ 左文右图模块
                         ├─ 详情页页面
                         │
                         ├─ 店铺动态
                         │
                         └─ 店铺活动
```

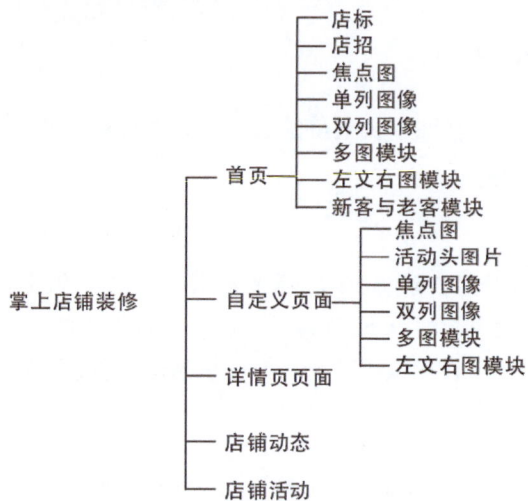

图 2-73　掌上店铺装修导览图

第 3 章

掌上店铺装修图像
处理与制作

本章重点：

+ 图片操作软件
+ 图像编修流程
+ 曝光调整
+ 色彩调整
+ 图片裁剪
+ 图像瑕疵修复
+ 将模糊照片调清晰
+ 店标
+ 店招的设计与制作
+ 单列图像设计与制作
+ 双列图像设计与制作
+ 新客与老客图像设计与制作
+ 轮播图设计与制作
+ 左文右图模块设计与制作
+ 活动头图片模块设计与制作
+ 多图片模块设计与制作

本章主要为大家介绍在网店装修时图片的一些处理与编修内容，若一个网店想在视觉上吸引买家眼球，图片的作用功不可没。图片是装修的重要组成部分，应该了解细节处理方面的知识，如裁剪、图像调色、图像瑕疵修复、抠图及修饰等。

掌握了基础知识之后，还要了解图像区域的制作，与 PC 端淘宝店铺相似，掌上店铺也包含店招、首屏广告图、针对新老客户显示的不同图像及焦点图等，每个区域都有各自的作用与特点，图 3-1 所示为掌上店铺效果。

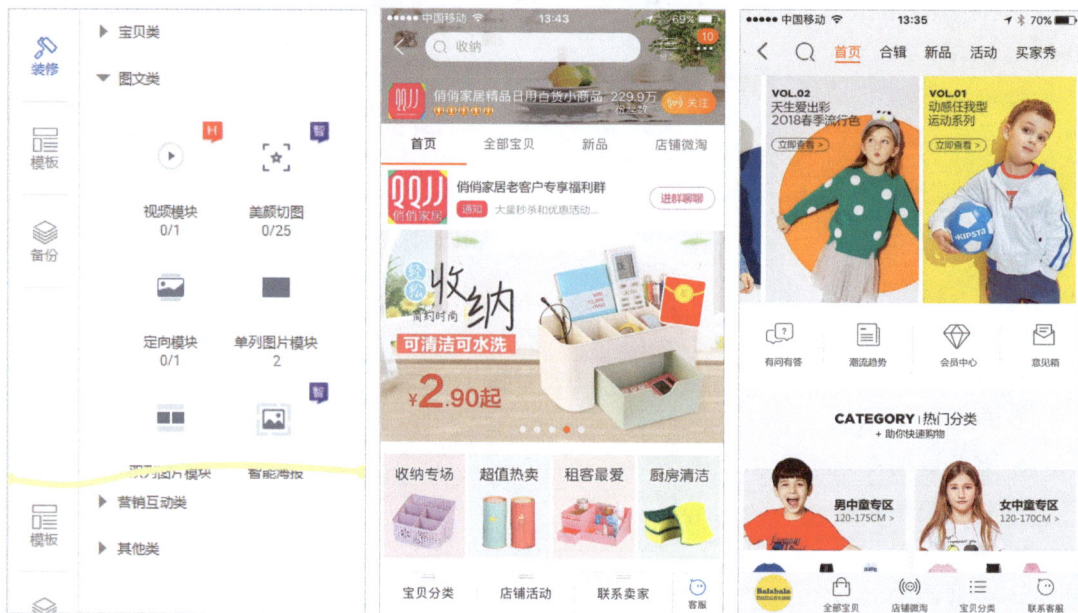

图 3-1　网上店铺

3.1　图片操作软件

对于图像的调整我想没有比 Photoshop 软件更加合适的了，在学习 Photoshop 软件时，首先要了解软件的工作界面，所有操作都在此界面中完成。启动 Photoshop CC 软件并打开素材文件后，大家会看到如图 3-2 所示的工作界面。

图 3-2　Photoshop CC 工作界面

工作界面各组成部分的含义如下。

- 菜单栏：Photoshop CC 将所有命令集合分类后，扩展版放置在 11 个菜单中，普及版放置在 9 个菜单中。利用下拉菜单命令可以完成大部分图像编辑处理工作。
- 属性栏（选项栏）：位于菜单栏的下方，选择不同工具时会显示该工具对应的属性栏（选项栏）。
- 工具箱：通常位于工作界面的左边，由 20 组工具组成。
- 工作窗口：显示当前打开文件的名称、颜色模式等信息。
- 状态栏：显示当前文件的显示百分比和一些编辑信息，如文档大小、当前工具等。
- 面板组：位于界面的右侧，将常用的面板集合到一起。使用"时间轴"时，会在最下面显示该面板。

3.1.1　工具箱

Photoshop 软件的工具箱位于工作界面的左边，所有工具全部放置在此。要使用工具箱中的工具，只要单击该工具图标即可。如果该工具图标中还有其他工具，单击鼠标右键即可弹出隐藏工具栏，选择其中的工具即可使用，图3-3所示就是Photoshop CC 的工具箱。

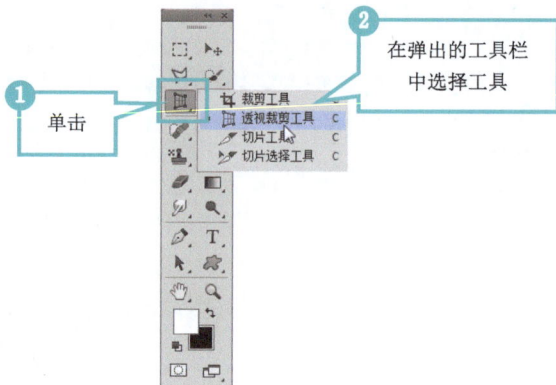

图3-3　工具箱

技巧：自 Photoshop CS 3 版本后，只要在工具箱顶部单击三角形转换符号，就可以将工具箱的形状在单长条和短双条之间变换。

3.1.2　属性栏（选项栏）

Photoshop 的属性栏（选项栏）提供了控制工具属性的选项，其显示内容根据所选工具的不同发生变化，选择相应的工具后，Photoshop 的属性栏（选项栏）将显示该工具可使用的功能，以及可进行的编辑操作等，属性栏（选项栏）一般被固定存放在菜单栏的下方。图3-4 所示就是在工具箱中单击□（矩形选框工具）后，显示的该工具的属性栏。

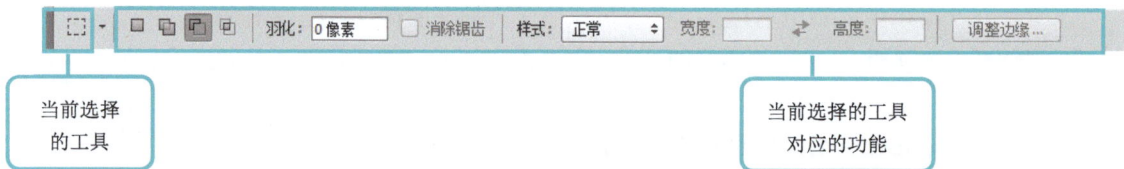

图3-4　属性栏（选项栏）

3.1.3　菜单栏

Photoshop 的菜单栏由"文件""编辑""图像""图层""类型""选择""滤镜""3D""视图""窗口"和"帮助"11 类菜单组成，包含了操作时要使用的所有命令。只需将光标指向菜单中的某项并单击就会显示相应的下拉菜单，单击要使用的命令即可。图 3-5 所示即执行"滤镜/风格化"命令后的下拉菜单。

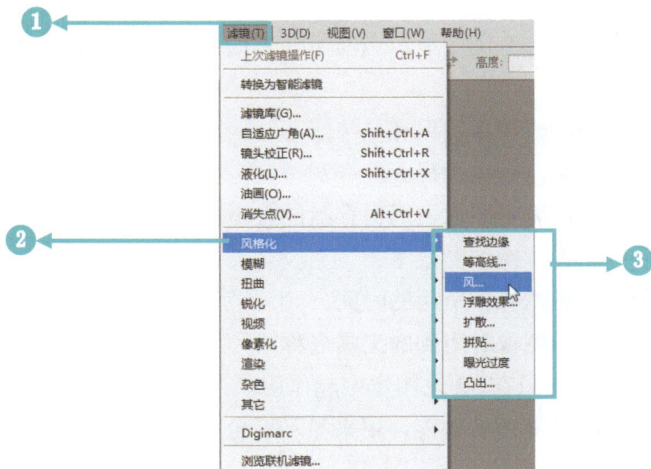

图 3-5　菜单栏

技巧：如果菜单中的命令呈现灰色，则表示该命令在当前编辑状态下不可用；如果在菜单右侧有一个三角符号▶，则表示此菜单包含子菜单，只要将鼠标移动到该菜单上即可打开其子菜单；如果在菜单右侧有省略号…，则执行此菜单项目时将弹出与之有关的对话框。

3.1.4　状态栏

状态栏在图像窗口的底部，用来显示当前打开文件的一些信息，如图 3-6 所示。单击三角符号打开子菜单，即可显示状态栏包含的所有可显示选项。

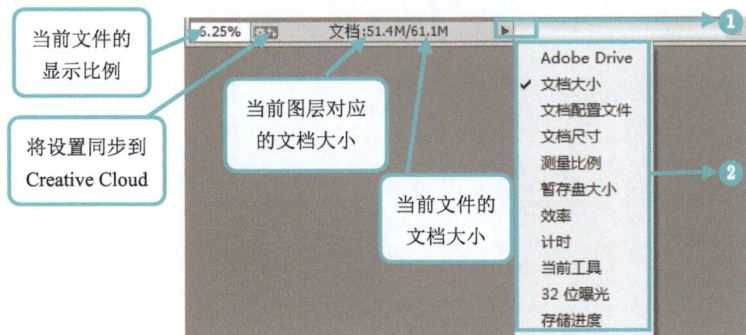

图 3-6　状态栏

各项含义如下。

- Adobe Drive：用来连接 Version Cue 服务器中的 Version Cue 项目，可以让设计人员合理处理公共文件，从而轻松地跟踪或处理多个版本的文件。
- 文档大小：在图像所占空间中显示当前所编辑图像的文档大小。

- 文档配置文件：在图像所占空间中显示当前所编辑图像的图像模式，如 RGB 颜色、灰度、CMYK 颜色等。
- 文档尺寸：显示当前所编辑图像的尺寸。
- 测量比例：显示当前测量时的比例尺。
- 暂存盘大小：显示当前所编辑图像占用暂存盘的大小。
- 效率：显示当前所编辑图像操作的效率。
- 计时：显示当前所编辑图像操作所用的时间。
- 当前工具：显示当前编辑图像时用到的工具名称。
- 32 位曝光：编辑图像曝光只在 32 位图像中起作用。
- 存储进度：Photoshop CC 新增的功能，用来显示后台存储文件时的时间进度。

3.1.5　面板组

Photoshop CS3 版本以后的面板组，可以将不同类型的面板归类到对应的组中，并将其停靠在右边面板组中。在处理图像时，只要单击标签就可以快速找到对应的面板，不必再到菜单中打开。对于 Photoshop CC 版本，在默认状态下，只要执行"菜单/窗口"命令，就可以在下拉菜单中选择相应的面板，该面板就会出现在面板组中，图 3-7 所示就是展开状态下的面板组。

图 3-7　展开的面板组

温馨提示　　工具箱和面板组默认时处于固定状态，只要在标题处按住鼠标并将其拖动到工作区域，就可以将固定状态变为浮动状态。

温馨提示　　当工具箱或面板处于固定状态时将其关闭，再打开后它们仍然处于固定状态；当工具箱或面板处于浮动状态时将其关闭，再打开后它们仍然处于浮动状态。

3.2　图像编修流程

在上传宝贝图片时，很多时候会发现网拍的商品颜色不是很多，或者由于时间匆忙或拍摄者掌握不好拍摄角度而没有将同款衣服的所有颜色都进行拍照，又或者由于天气或对照相机不熟悉而曝光不足，又或者想对已拍摄的产品进行突出处理，此时就需要借助一些软件来对图片进行调整。

拍摄好的图片或多或少存在一些问题，但在处理时无外乎曝光调整、色彩调整、整体调整、瑕疵修复和清晰度调整 5 个主要步骤，通过这几个步骤可以完成对图像变形、过暗、过亮、偏色、模糊、瑕疵修复等问题的调整，具体流程可以参考网店商品图像编修流程表，如表 3-1 所示。

表 3-1　网店商品图像编修流程表

（1）曝光调整	（2）色彩调整	（3）摆正、裁剪、调大小	（4）瑕疵修复	（5）清晰度
查看图片的明暗分布状况 调整整体的亮度与对比度 修正局部的亮度与对比度	移除整体的色偏 修复局部的色偏 强化图片的色彩 更改图片的色调	转正横躺的直幅图片与歪斜图片 矫正变形图片 裁剪图片，修正构图 调整图片大小 更改画布大小	清除脏污与杂点 去除多余的杂物 人物美容	增强图片锐化度，提升图片的清晰度 改善模糊图片

3.3　曝光调整

在光照强或光线不足的环境中拍摄照片时，如果没有设定好照相机，就会拍出太亮或太暗的照片。如果是曝光不足的照片，画面会出现发灰或发黑的效果，从而影响照片的质量。要想将照片以最佳的状态进行储存，一是在拍照时调整好光圈、角度和位置；二是使用 Photoshop 软件对拍摄好的照片进行修改，如图 3-8 所示。

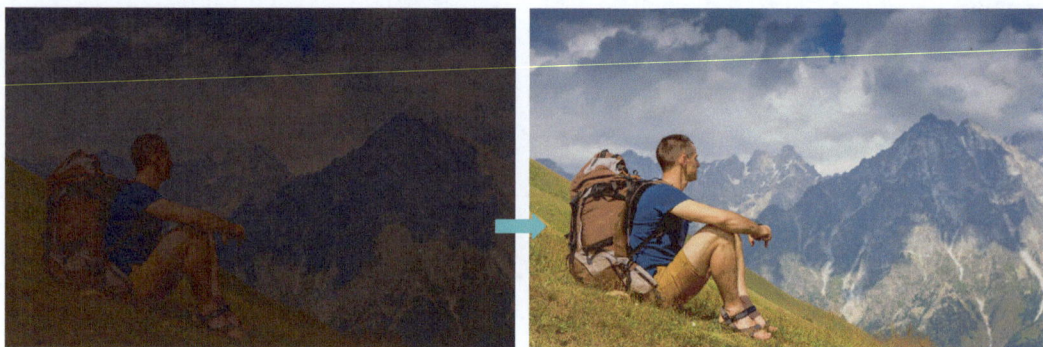

图 3-8　曝光不足和曝光过度校正后

> 由于本书篇幅有限，大家可以在配套视频中观看板正方法。

温馨提示

3.4　色彩调整

在使用照相机拍照时，常常会出现一些偏色的照片，或者出现一些颜色浓度有问题的照片。本节就带领大家学习怎样使用 Photoshop 软件修正照片色彩，还原照片的本色，效果如图 3-9 所示。

图 3-9　处理偏色和掉色

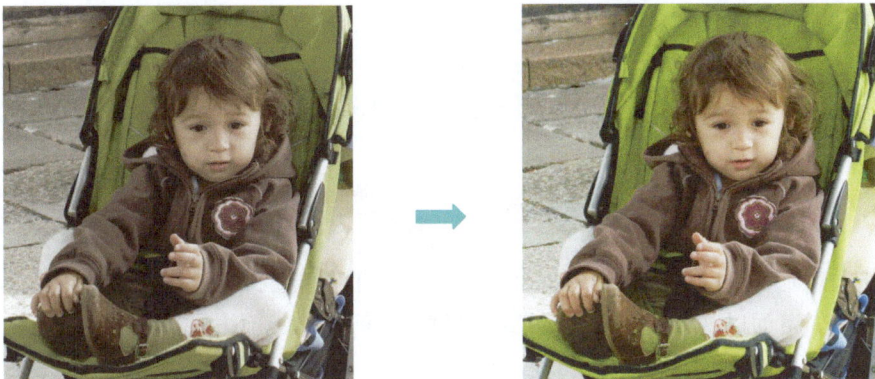

图 3-9　处理偏色和掉色（续）

3.5　图片裁剪

在淘宝掌上店铺中，一些特定区域的图片是需要固定大小的，如果插入的图片不符合要求，在手机装修界面会自动弹出裁剪窗口，通过拖曳图片选取固定大小的区域，但是这样就会把之前设计的效果完全打乱，所以在插入图片之前一定要了解各区域图片的大小。正所谓磨刀不误砍柴工，在前期就将图片按照固定大小进行创建或裁剪，并在这个基础上进行视觉方面的设计，只有这样才能真正做到事半功倍。

对于已经制作好的图片，可以通过 Photoshop 软件中的 ▢（裁剪工具）或 ▢（矩形选框工具）进行裁切。

温馨提示

在移动端淘宝店铺中进行装修时，各个图片的尺寸规格如下。

- 新版店招规格：750 像素×580 像素，类型：jpg、png。
- 新客与老客模块规格：建议选择 608 像素×336 像素的图片，类型：jpg、png。
- 图文类中单列图片模块：建议选择 750 像素×（200～950）像素的图片，类型：jpg、png。
- 图文类中双列图片模块：建议选择 370 像素×（100～400）像素的图片，类型：jpg、png。
- 图文类中多图模块：建议选择 300 像素×176 像素的图片，类型：jpg、png。
- 图文类中轮播图模块：建议选择 750 像素×（200～950）像素的图片，类型：jpg、png。

- 图文类中左文右图模块：建议选择 608 像素×160 像素的图片，类型：jpg、png。
- 活动头图片模块：建议选择 640 像素×304 像素的图片，类型：jpg、png。

3.5.1　按区域裁剪出固定大小的图片

如果在已经制作好的图片中选取局部作为背景，可以通过 Photoshop 软件中的 ⬛（裁剪工具）进行裁切。下面以制作手机淘宝的店招为例，讲解具体裁剪方法。

操作步骤

（1）打开随书附带的"全屏轮播图"素材，如图 3-10 所示。

图 3-10　素材

（2）在工具箱中选择 ⬛（裁剪工具）❶，在属性栏中选择"宽×高×分辨率"选项，设置"宽"为"750 像素"、"高"为"580 像素"，由于是设置上传到手机网店的图像，所以将"分辨率"设置为"72 像素/厘米"❷，如图 3-11 所示。

图 3-11　设置裁剪工具

（3）选择裁切的起始点❶，按下鼠标并拖动，松开鼠标的位置即裁剪框的终点❷，如图 3-12 所示。

图 3-12　裁剪图像

使用 ▣（裁剪工具）裁剪图像时，设置属性"宽度"与"高度"后，无论在图像中创建的裁剪框是多大的，裁剪后的图像大小是一样的。可以执行菜单中的"图像/图像大小"命令，打开"图像大小"对话框，在此可以看到裁剪后图像的大小和分辨率，也可以查看裁剪后的对比，如图 3-13 所示。

温馨提示

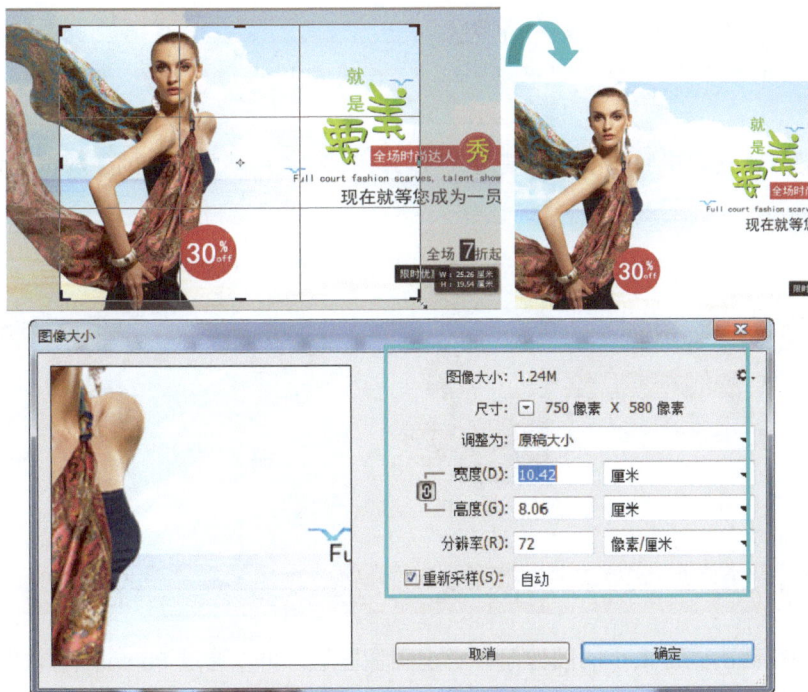

图 3-13　"图像大小"对话框

②

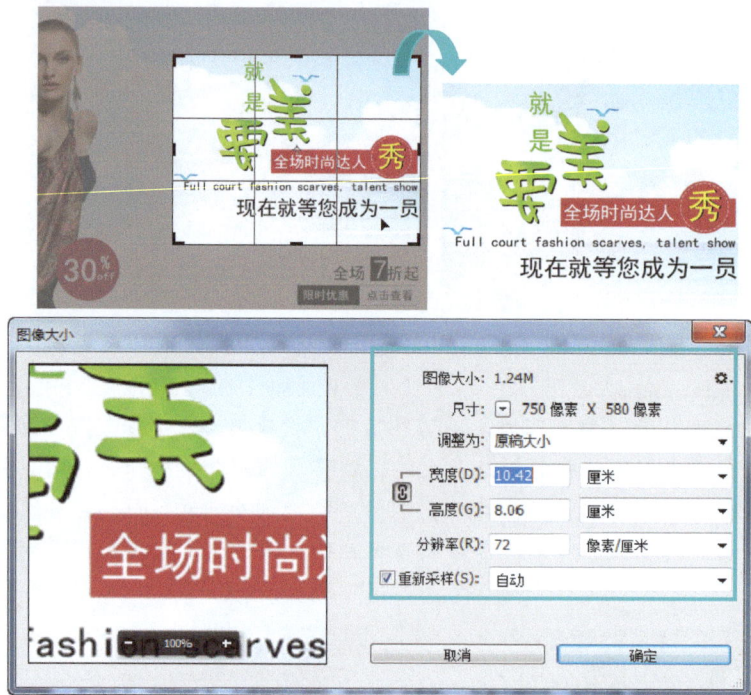

图 3-13　"图像大小"对话框（续）

（4）裁剪框创建完毕后，按回车键完成裁切，图 3-14 是不同大小的裁剪框裁切出来的图像效果。

图 3-14　裁剪后效果

3.5.2　按固定大小裁剪出图片

如果只想裁剪出固定大小的图像而不考虑图像区域，可以通过 Photoshop 软件中的 （矩形选框工具）结合"裁剪"命令进行裁切。下面以掌上店铺的店招大小为例进行操作，具体裁剪方法如下。

操作步骤

（1）打开随书附带的"丝巾直通车"素材，如图 3-15 所示。

图 3-15　素材

（2）在工具箱中选择 ▦（矩形选框工具）❶，在属性栏的"样式"下拉列表中选择"固定大小"，设置"宽度"为"750 像素"、"高度"为"580 像素"，❷，如图 3-16 所示。

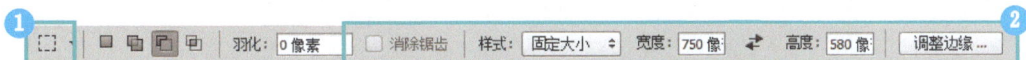

图 3-16　设置矩形选框工具

（3）使用 ▦（矩形选框工具）在图片上单击，就会创建一个按照属性设置大小的矩形选区，选区位置可以移动，如图 3-17 所示。

图 3-17　创建的选区

温馨提示

　　使用 ▦（矩形选框工具）创建固定选区后，如果选取的区域不理想，可以将"选区模式"设置为 ▢（新选区），此时只要在选区内部按住鼠标左键并拖动就可以改变选区的位置，或者使用键盘上的方向键调整选区位置。

（4）选区创建完毕后，执行菜单中的"图像/裁剪"命令，就可以将原图像裁剪为固定大小的图像，在"图像大小"对话框中可以查看裁剪后的图像尺寸，如图 3-18 所示。

图 3-18 裁剪后效果

3.6 图像瑕疵修复

在网店中出售商品是离不开照片的，如果单纯用文字描述商品，会大大降低购买者对产品的兴趣，一张好的照片不但可以直观地展示商品的图形信息，还能展现商品的主要特色，从而增加销量，为店主创造利润。

照片中自带的日期、宝贝边缘的杂物、背景中的人物、溅到宝贝上的污渍等都需要通过后期的操作清除，在 Photoshop 软件中能够完成此类操作的工具及命令主要有▣（修补工具）、✎（污点修复画笔工具）、✐（修复画笔工具）和"内容识别"填充命令等。

3.6.1 修补工具的使用方法

该工具通过创建的选区来修复目标或源，例如在照片中的日期或污渍上创建选区，使用▣（修补工具）拖动选区内容到与背景纹理一致的区域，松开鼠标即可清除日期或污渍，如图 3-19 所示。

图 3-19　修补工具修复过程

3.6.2　"内容识别"填充修复照片中的污点

　　"内容识别"填充可以对图像中的多余部分进行快速修复,使用方法是在污点周围创建选区,执行菜单中的"编辑/填充"命令,打开"填充"对话框,在"使用"下拉列表中选择"内容识别"选项,应用此命令可以修复污点区域,如图 3-20 所示。

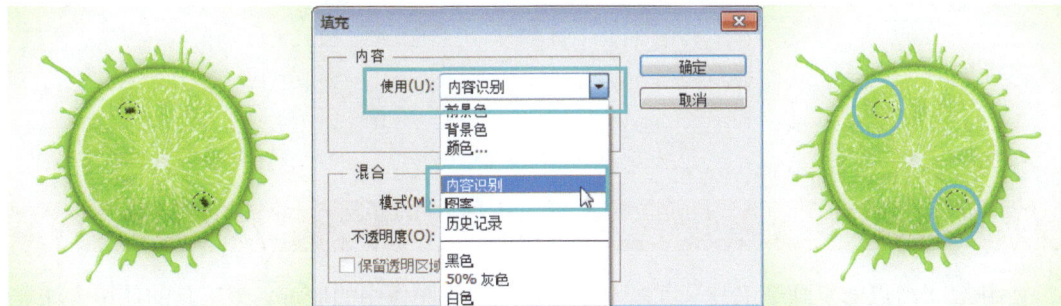

图 3-20　"内容识别"填充

3.6.3　修复画笔工具修复照片中的水印

使用 ![icon]（修复画笔工具）可以对被破坏的图片或有瑕疵的图片进行修复。首先要进行取样（按住 Alt 键在图片中单击），再使用鼠标在被修复的位置上涂抹，图 3-21 所示为修复图像的过程。使用样本像素进行修复的同时可以把样本像素的纹理、光照、透明度和阴影与所修复的像素融合。![icon]（修复画笔工具）一般用于修复瑕疵图片。

图 3-21　修复画笔工具修复过程

3.6.4　污点修复画笔工具修复照片中的瑕疵

使用 ![icon]（污点修复画笔工具）可以十分轻松地修复图像中的瑕疵。该工具的使用方法非常简单，先将鼠标指针移到要修复的位置，再拖动鼠标即可对图像进行修复，如图 3-22 所示。

图 3-22　修复

> 在使用污点修复画笔工具修复图像时，最好将画笔调整得比污点大一些，如果修复区的边缘像素反差较大，建议先在修复区周围创建选区范围，再进行修复。

提示

3.6.5　对模特面部进行磨皮美容

在为模特拍摄照片时，往往会因为光线或对照相机不熟悉而使模特肌肤的拍摄效果不是很好，影响整张照片的效果，本例就教大家为模特进行磨皮的方法，具体操作如下。

操作步骤

（1）在菜单中执行"文件/打开"命令或按"Ctrl+O"组合键，打开随书附带的"雀斑照片"素材，如图 3-23 所示。

（2）选择 （污点修复画笔工具）❶，在属性栏中设置"模式"为"正常"，"类型"为"内容识别"❷，在脸上雀斑较大的位置单击鼠标左键❸，进行初步修复，如图 3-24 所示。

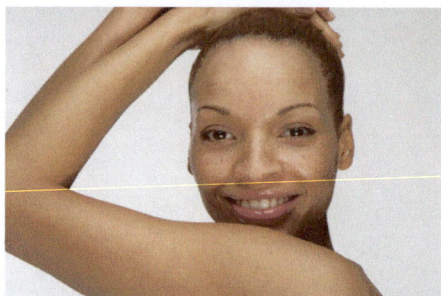

图 3-23　素材

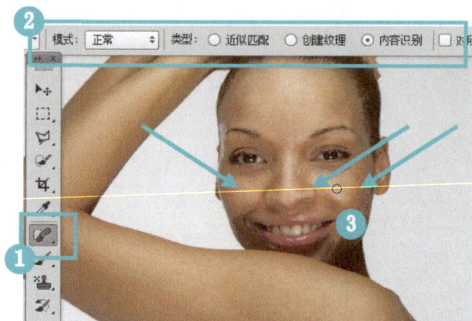

图 3-24　使用污点修复画笔工具修复

（3）在菜单中执行"滤镜/模糊/高斯模糊"命令，打开"高斯模糊"对话框，设置"半径"为"7.0" ❹，如图 3-25 所示。

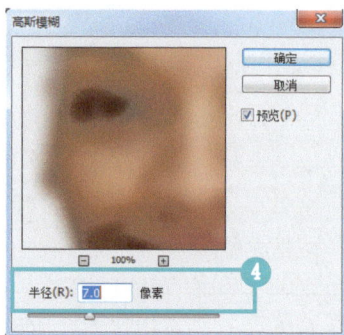

图 3-25　"高斯模糊"对话框

（4）单击"确定"按钮，效果如图 3-26 所示。

（5）选择 ◢（历史记录画笔工具）❺，在属性栏中设置"不透明度"为"38%"、"流量"为"38%" ❻，在菜单中执行"窗口/历史记录"命令，打开"历史记录"面板，在"高斯模糊"步骤前单击调出恢复源 ❼，选择最后一个"污点修复画笔"选项 ❽，使用 ◢（历史记录画笔工具）在人物的面部涂抹 ❾，效果如图 3-27 所示。

图 3-26　模糊后

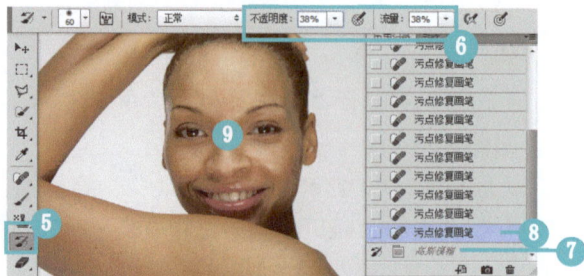

图 3-27　恢复

温馨提示　在使用 （历史记录画笔工具）恢复某个步骤时，将"不透明度"与"流量"设置得小一些可以避免恢复过程中出现较生硬的效果，在同一点进行多次涂抹修复不会对图像造成太大的破坏。

（6）使用 （历史记录画笔工具）在模特面部需要美容的位置进行涂抹，可以在不同位置进行多次涂抹，恢复过程如图 3-28 所示。

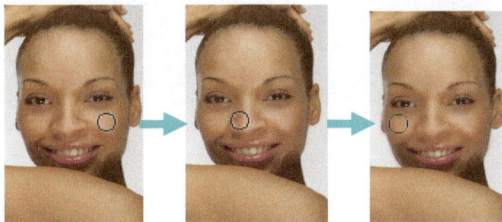

图 3-28　恢复过程

（7）在模特的皮肤上进行仔细涂抹，直到自己满意为止，效果如图 3-29 所示。

图 3-29　磨皮完成

（8）还可以给模特的肤色增加一些红润度，在菜单中执行"图像/调整/色阶"命令，打开"色阶"对话框，参数值设置如图 3-30 所示。

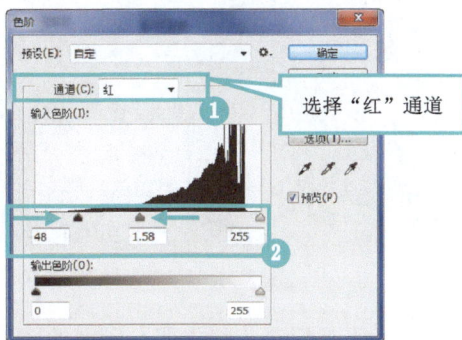

图 3-30　"色阶"对话框

（9）设置完毕后单击"确定"按钮，对模特的面部美容完成，效果如图 3-31 所示。

图 3-31　最终效果

3.7　将模糊照片调清晰

在使用照相机进行网拍时，由于受外界环境的影响，常常会使照片给人一种朦胧的感觉，或者由于技术原因，很多照片会变得有些模糊，此时只要使用 Photoshop 软件进行锐化处理便可以使照片变得清晰一些，具体方法如下。

操作步骤

（1）在菜单中执行"文件/打开"命令或按"Ctrl+O"组合键，打开随书附带的"小朋友"素材，如图 3-32 所示。

图 3-32　打开素材

（2）此时发现素材的清晰度不是很高，将小朋友所在的图层进行复制，得到一个副本，执行菜单中的"滤镜/其他/高反差保留"命令，打开"高反差保留"对话框，参数值设置如图 3-33 所示。

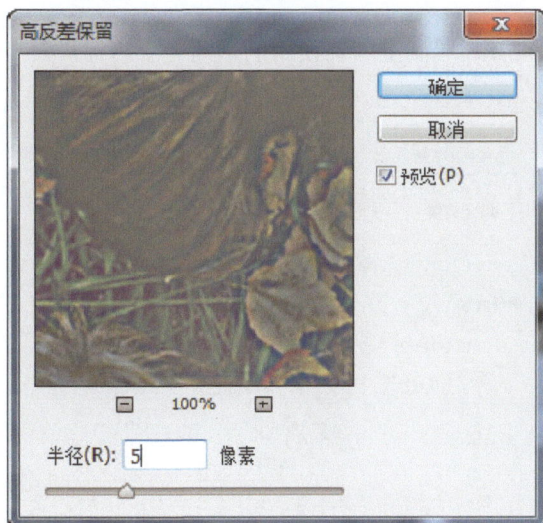

图 3-33　"高反差保留"对话框

（3）设置完毕后单击"确定"按钮，在"图层"面板中设置"混合模式"为"叠加"、"不透明度"为 50%，如图 3-34 所示。

图 3-34　设置混合模式

3.8　店标

淘宝手机端中的店铺与 PC 端淘宝店铺使用的是同一个店标，大小为 80 像素×80 像素，如图 3-35 所示。

图 3-35　店标

3.9　店招的设计与制作

店招顾名思义就是店铺的招牌，在繁华的地段，一个好的店招不仅是所在地的标志，更能起到户外广告的作用。

掌上店铺店招与 PC 端淘宝店铺店招的作用一样，即虚拟店铺的招牌。店招的大小一般都有统一要求，以淘宝网中的手机店铺来说，大小为 750 像素×580 像素，格式为 JPG、PNG。一个好的店招完全可以体现出本店的特点和所售产品，在让买家记住的同时增加销量。不同的店铺设计的店招也是不同的，如图 3-36 所示。掌上店铺的店招背景除了通过裁剪来获得，还可以通过创建新文档来自行创建背景。下面就为大家制作一个"千围饰品"手机淘宝店铺的店招，如图 3-37 所示。由于在不同的掌上设备中露出部位都是上半部分并以渐变方式进行显示，所以在设计时一定要掌握好能够显示在外面的部分。具体制作方法如下。

图 3-36　掌上店铺的店招

图 3-37　"千围饰品"手机淘宝店铺的店招

操作步骤

（1）执行菜单中的"文件/新建"命令或按"Ctrl+N"组合键，打开"新建"对话框，并设置"宽度""高度"及"分辨率"，如图 3-38 所示。

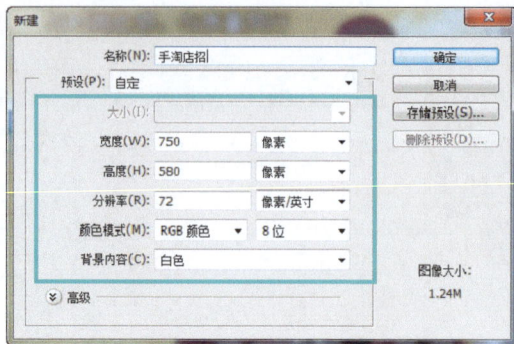

图 3-38   "新建"对话框

（2）设置完毕后单击"确定"按钮，新建图层 1，使用 ▣ （渐变工具）从中心向右拖动鼠标，填充前景色为 R:252、G:202、B:89、背景色为 R:248、G:182、B:53 的对称渐变色，如图 3-39 所示。

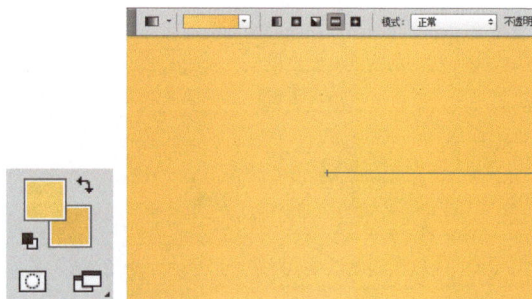

图 3-39   填充渐变色

（3）新建图层 2，使用 ▣ （矩形选框工具）在文档底部绘制一个矩形选区，调换前景色与背景色，使用 ▣ （渐变工具）从上向下拖动鼠标填充渐变色，如图 3-40 所示。

（4）新建图层 3，使用 ▣ （矩形选框工具）绘制一个矩形选区，并将其填充为"白色"，效果如图 3-41 所示。

图 3-40   打开并移入素材

图 3-41   绘制选区并填充颜色

（5）按"Ctrl+D"组合键去掉选区，执行菜单中的"滤镜/模糊/高斯模糊"命令，打开"高斯模糊"对话框，设置"半径"为"4.5"，如图 3-42 所示。

图 3-42　"高斯模糊"对话框

（6）设置完毕后单击"确定"按钮，调整图层 3 和图层 2 的顺序，效果如图 3-43 所示。

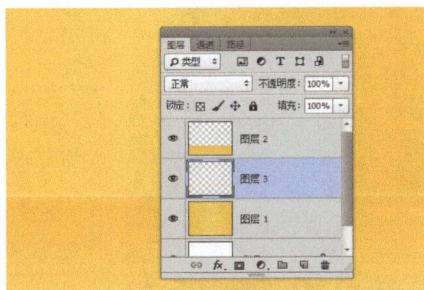

图 3-43　调整图层顺序

（7）新建两个图层，分别命名为"云"和"气泡"，选择 （画笔工具）在"画笔拾色器"中选择"云彩"和"气泡"笔触，之后在文档中进行画笔绘制，效果如图 3-44 所示。

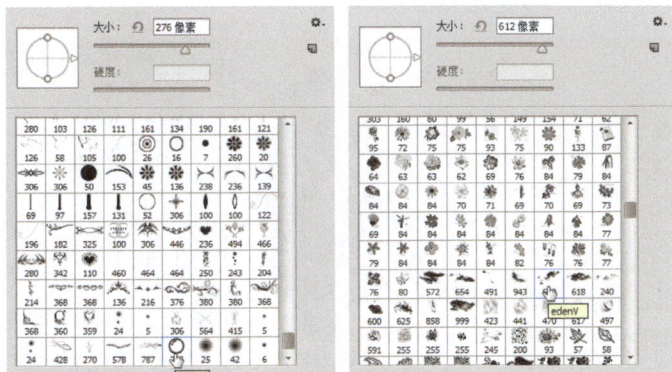

图 3-44　绘制画笔

图 3-44　绘制画笔（续）

（8）打开随书附带"围巾人物和图案"素材，将其拖曳到店招文档中，调整大小和位置，效果如图 3-45 所示。

图 3-45　移入素材

（9）为"图案"图层添加图层蒙版，使用 （渐变工具）从上向下拖曳鼠标，填充从黑色到白色的线性渐变，设置"混合模式"为"颜色减淡"，效果如图 3-46 所示。

图 3-46　编辑蒙版

（10）先使用 （矩形工具）在文档中绘制 4 个大小一样但颜色不同的矩形，再使用 （直线工具）绘制白色线条，效果如图 3-47 所示。

图 3-47　绘制矩形和白色线条

（11）使用同样的方法绘制其他矩形和白色线条，并在矩形中输入文字，效果如图 3-48 所示。

图 3-48　绘制其他矩形和白色线条，并输入文字

（12）选择"千围饰品"文本和与之对应的矩形图层，按"Ctrl+Alt+E"组合键得到一个合并后的图层，执行菜单中的"编辑/变换/垂直翻转"命令，将翻转后的对象向下移动，效果如图 3-49 所示。

图 3-49　变换

（13）单击"添加图层蒙版"按钮 ，添加一个空白蒙版，使用 （渐变工具）从上向下拖动鼠标，填充从白色到黑色的线性渐变，如图 3-50 所示。

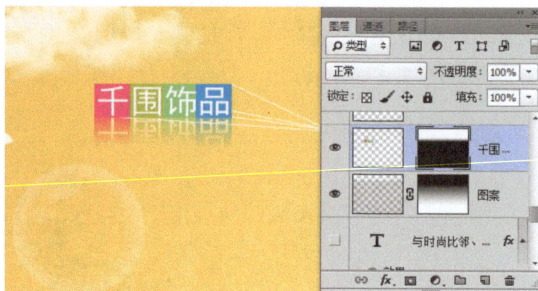

图 3-50　编辑蒙版

（14）使用 T. （横排文字工具）在文档中的不同位置输入文字，效果如图 3-51 所示。

（15）选择"品质保证"文本后，执行菜单中的"图层/图层样式/描边"命令，设置"描边"样式，参数值设置如图 3-52 所示。

图 3-51　输入文字

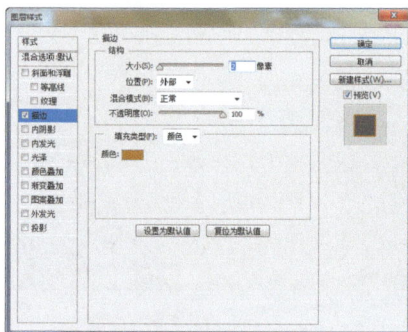

图 3-52　设置"描边"样式

（16）设置完毕后单击"确定"按钮，为其他文字都应用"描边"样式，至此本例制作完毕，效果如图 3-53 所示。

图 3-53　最终效果

3.10　单列图像设计与制作

　　单列图像在掌上店铺中可以使用在"宝贝类"和"图文类"中，"宝贝类"中的单列用来显示发布宝贝的图片，通常系统会将上传的宝贝自动显示在单列图像中，"图文类"中的单列图像一般是自己设计制作的广告宣传图。单列图像在掌上店铺中按 750 像素×（200～950）像素预先进行设置，本节就为大家讲解一个围巾商品的单列图像广告的制作，如图 3-54 所示，具体操作如下。

#ddd6d0　　　　#dd1613　　　　#000000

图 3-54　围巾商品单列图像广告

操作步骤

（1）在制作广告图之前先绘制一下页面的布局草图，设计一个框架，如图 3-55 所示。

图 3-55　布局草图

　　（2）执行菜单中的"文件/新建"命令或按"Ctrl+N"组合键，新建一个"宽度"为"750 像素"、"高度"为"400 像素"、"分辨率"为"72 像素/英寸"的空白图像，将背景图层填充为"灰色"，新建一个图层，使用 （矩形选框工具）绘制一个小一点的矩形选区，为其填充"粉灰色"，如图 3-56 所示。

图 3-56　填充颜色

（3）打开随书附带的"围巾 01""围巾 02""围巾 03""围巾 04""围巾 05"素材，并将它们分别拖曳到新建文档中，如图 3-57 所示。

图 3-57　移入素材

（4）选择一个围巾素材所在的图层，执行菜单中的"图层/图层样式/描边"命令，设置"描边"样式，参数设置如图 3-58 所示。

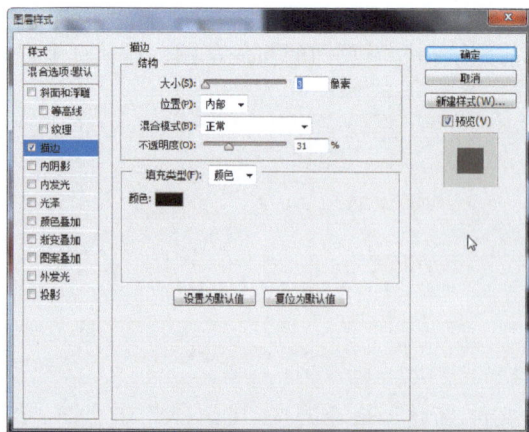

图 3-58　设置"描边"样式

（5）设置完毕后单击"确定"按钮，效果如图 3-59 所示。使用同样的方法为其他围巾图层添加描边效果，如图 3-60 所示。

图 3-59　一个素材描边后的效果

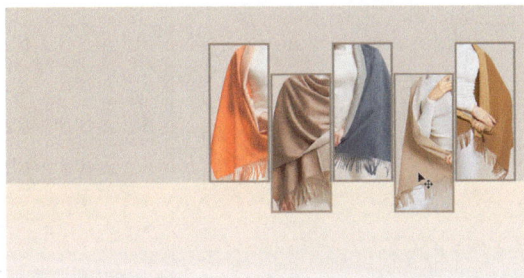

图 3-60　全部素材描边后的效果

（6）为了让图像看起来更加有层次感，为第二条和第四条围巾（从左向右数）设置黑白效果。选择第二条围巾，在"图层"面板中单击"创建新的填充或调整图层"按钮，选择"黑白"选项，打开"黑白属性"面板，参数设置如图 3-61 所示。

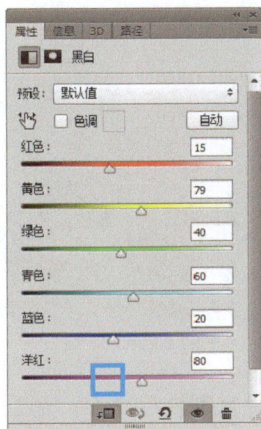

图 3-61　设置黑白效果

（7）调整后的效果如图 3-62 所示，再为第四条围巾添加黑白效果，如图 6-63 所示。

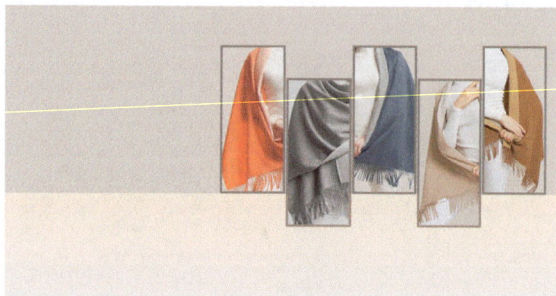

图 3-62　为第二条围巾设置黑白效果

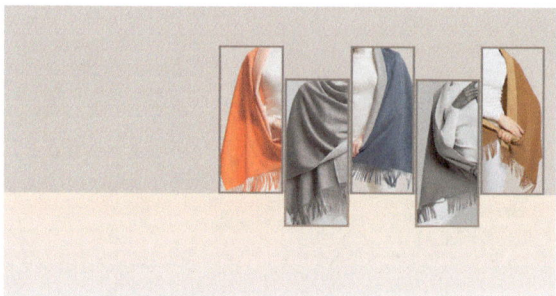

图 3-63　为第四条围巾设置黑白效果

（8）选择第一条、第三条、第五条围巾所在的图层，按"Ctrl+Alt+E"组合键得到一个合并后的图层，如图 6-64 所示。

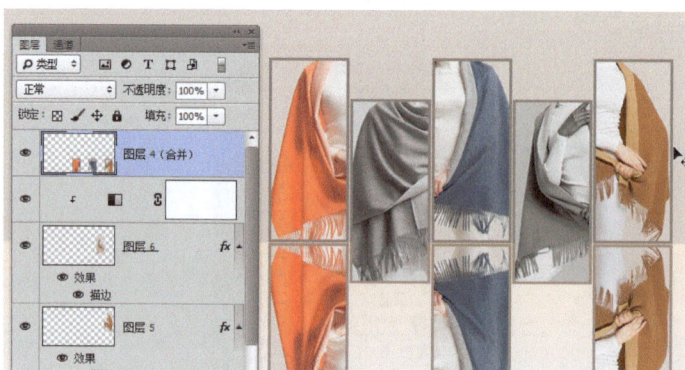

图 3-64　复制

（9）执行菜单中的"编辑/变换/垂直翻转"命令，添加图层蒙版，使用 ▨（渐变工具）从下向上填充从白色到黑色的线性渐变，效果如图 6-65 所示。

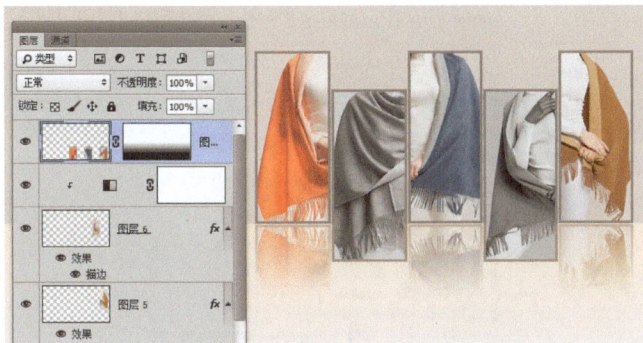

图 3-65　倒影（1）

（10）使用同样的方法为第二条和第四条围巾制作倒影，效果如图 6-66 所示。

图 3-66　倒影（2）

（11）在围巾后面的图层上新建一个图层，使用 （直线工具）绘制白色线条，效果如图 6-67 所示。

图 3-67　绘制白色线条

（12）执行菜单中的"滤镜/模糊/高斯模糊"命令，打开"高斯模糊"对话框，参数设置如图 6-68 所示。

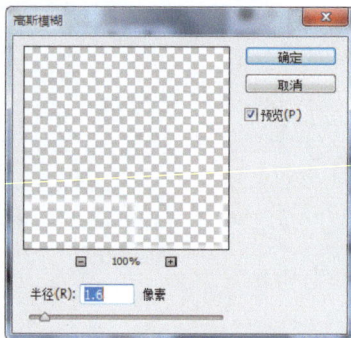

图 3-68　"高斯模糊"对话框

（13）设置完毕后单击"确定"按钮，并在"图层"面板中调整图层顺序，如图 6-69 所示。

图 3-69　模糊后效果

（14）使用 （钢笔工具）绘制路径，按"Ctrl+Enter"组合键将路径转换为选区，并将选区填充为"白色"，如图 3-70 所示。

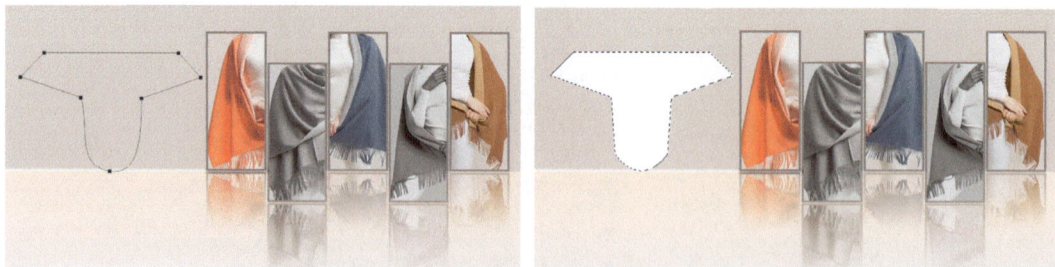

图 3-70　绘制路径并填充选区

（15）按"Ctrl+D"组合键去掉选区，执行菜单中的"图层/图层样式/描边"命令，设置"描边"样式，参数设置如图 3-71 所示。

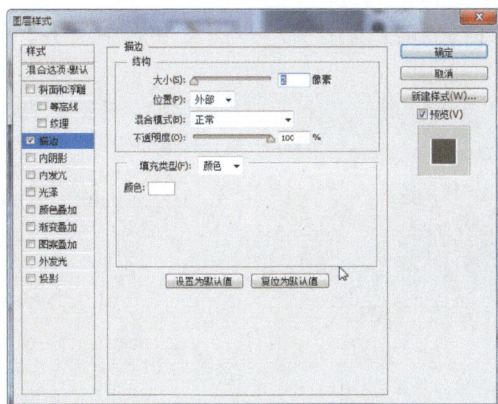

图 3-71　设置"描边"样式

（16）设置完毕后单击"确定"按钮，并调整"图层"面板中的"填充"为"55%"，如图 3-72 所示。

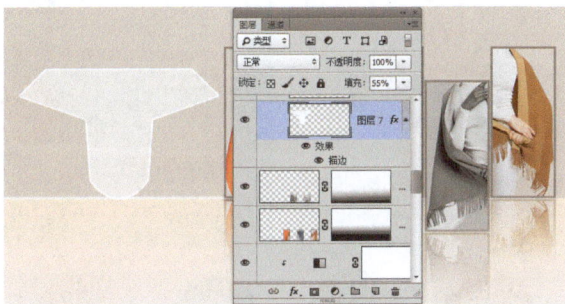

图 3-72　描边后

（17）在之前创建的白色选区上绘制黑色直线箭头和正圆，以及一个半透明的圆角矩形，如图 3-73 所示。

图 3-73　绘制图形

（18）分别输入黑色、白色和红色文字，并使文字居中对齐，至此本例制作完毕，效果如图 3-74 所示。

图 3-74　最终效果

（19）制作两个不同类型的单列图像以备后用，效果如图 3-75 所示。

| #e0d9d3 | #ffc089 | #dd1613 | #000000 | #3fb7c3 | #fd676f | #dc459f | #000000 |

图 3-75　其他类型的单列图像

3.11　双列图像设计与制作

双列图像模块在掌上店铺中分布在"宝贝类"和"图文类"中，可以通过双列图像展示多个商品的宣传效果，查看关于此类商品的图像宣传。在掌上店铺中，双列图像按 370 像素×（100～400）像素预先进行设置。本节就为大家讲解一个方巾店铺的双列图像广告的制作，如图 3-76 所示，具体操作如下。

图 3-76　双列图像

操作步骤

（1）在制作双列广告图之前先绘制页面的布局草图，设计一个框架，如图 3-77 所示。

图 3-77　布局草图

（2）执行菜单中的"文件/新建"命令或按"Ctrl+N"组合键，新建一个"宽度"为"370像素"、"高度"为"200 像素"、"分辨率"为"72 像素/英寸"的空白图像，使用 ▦（渐变工具）从上向下拖动鼠标，填充从 R:140、G:199、B:253 到 R:33、G:146、B:251 的线性渐变色，如图 3-78 所示。

图 3-78　渐变

（3）新建一个图层，将前景色设置为 R:209、G:26、B:114，使用 ▱（画笔工具）选择"烟雾"画笔，在页面中绘制一个烟雾笔触，如图 3-79 所示。

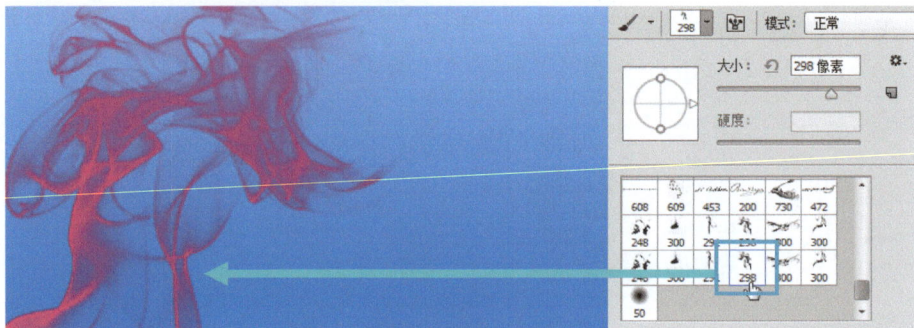

图 3-79　绘制画笔

（4）设置"混合模式"为"划分"、"不透明度"为"42%"，效果如图 3-80 所示。

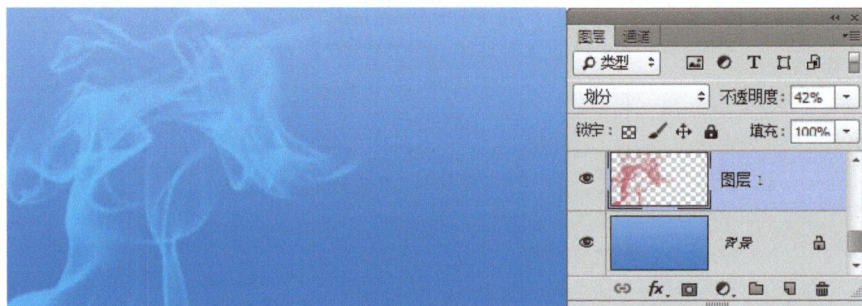

图 3-80　设置效果

（5）新建一个图层，使用 （自定义形状工具）先绘制一个紫色心形，再绘制一个白色心形，效果如图 3-81 所示。

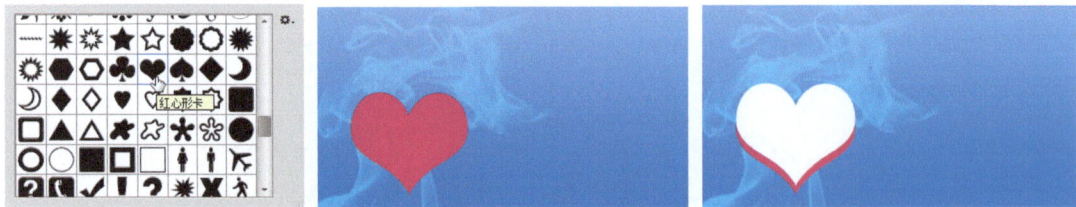

图 3-81　绘制心形

（6）复制一个紫色心形，使用 （椭圆选框工具）在上面绘制一个正圆选区，清除选区内容，效果如图 3-82 所示。

（7）按"Ctrl+D"组合键去掉选区，并绘制月牙，效果如图 3-83 所示。

图 3-82　创建选区并清除内容

图 3-83　绘制月牙

（8）打开随书附带的"小方巾"素材，使用 （快速选择工具）在人物上拖动，创建选区，如图 3-84 所示。

图 3-84　素材

（9）将素材拖曳到"双列图像"文档中，并调整素材大小，为图层添加图层蒙版，使用 （画笔工具）在人物下部涂抹黑色，效果如图 3-85 所示。

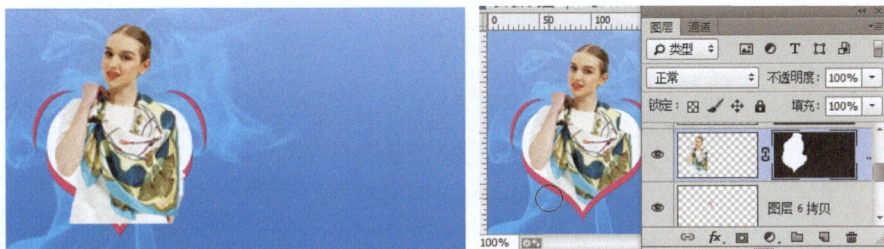

图 3-85　编辑蒙版

（10）新建图层，使用 ⬭（椭圆选框工具）绘制一个"羽化"值为"3"的椭圆选区，将其填充为"紫色"，调整不透明度，效果如图 3-86 所示。

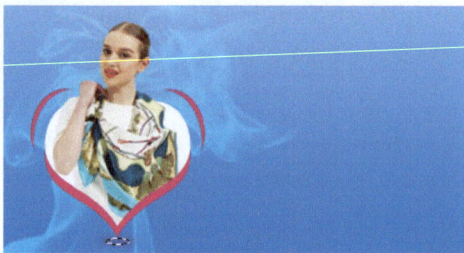

图 3-86　影

（11）按"Ctrl+D"组合键去掉选区，使用 T（横排文字工具）输入相应的文字，如图 3-87所示。

图 3-87　输入文字

（12）执行菜单中的"图层/图层样式/投影"命令，设置"投影"样式，设置完毕后单击"确定"按钮，如图 3-88 所示。

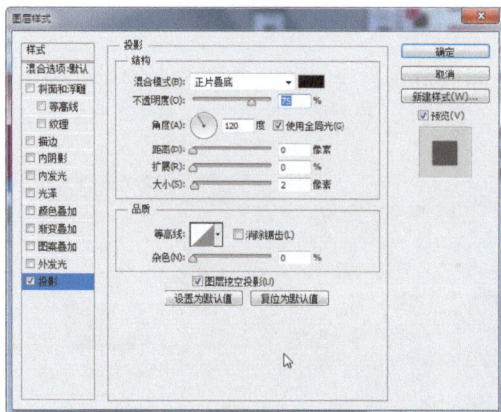

图 3-88　设置投影

（13）新建图层，使用 （圆角矩形工具）绘制一个紫色的圆角矩形并输入文字，如图 3-89 所示。

图 3-89　输入文字

（14）同时选取紫色圆角矩形和"买"字，复制一个副本，按"Ctrl+E"组合键将副本合并，执行菜单中的"编辑/变换/垂直翻转"命令，添加图层蒙版，使用 （渐变工具）从下向上填充从白色到黑色的线性渐变，效果如图 3-90 所示。

图 3-90　编辑蒙版

（15）新建一个图层，绘制一个椭圆选区并填充"黑色"，调整不透明度，效果如图 3-91 所示。

图 3-91　绘制阴影

（16）此时发现文档中的人物没有层次感，于是为其添加一个有层次感的阴影。选择人物所在的图层，执行菜单中的"图层/图层样式/投影"命令，设置"投影"样式，参数值设置如图 3-92 所示。

（17）设置完毕后单击"确定"按钮，效果如图 3-93 所示。

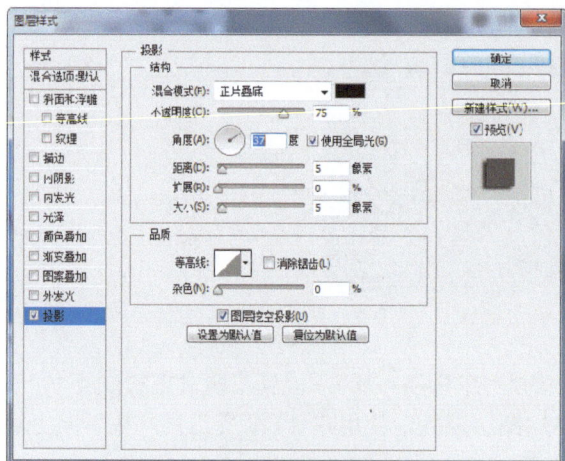

图 3-92　设置投影

图 3-93　添加投影

（18）执行菜单中的"图层/图层样式/创建图层"命令，将投影变为一个新的图层，如图 3-94 所示。

（19）按"Ctrl+T"组合键调出变化框，按住"Ctrl"键的同时拖动控制点进行调整，如图 3-95 所示。

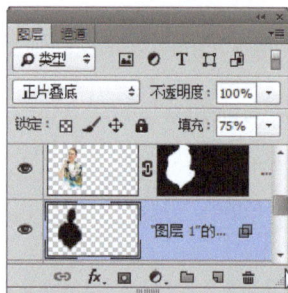

图 3-94　创建图层

图 3-95　变换

（20）按回车键完成变换，设置"混合模式"为"正常"、"不透明度"为"20%"，如图 3-96 所示。

（21）至此双列图像制作完毕，如图 3-97 所示。

图 3-96　设置参数

图 3-97　最终效果

（22）使用同样的方法制作其他双列图像，效果如图 3-98 所示。

图 3-98　其他双列图像效果

3.12　新客与老客图像设计与制作

　　若在掌上店铺中设计新客与老客图像模式，则存放的图像可以自动针对新客户与老客户进行展示。对于没有在该店铺中购买过商品的浏览者，看到的就是新客图像，如果已经买过商品了，就会显示针对老客户的老客图像。在掌上店铺中，新客与老客图像模块按 608 像素× 336 像素预先进行设置。本节就为大家讲解围巾店铺的老客与新客图像广告的制作，如图 3-99 所示，具体操作如下。

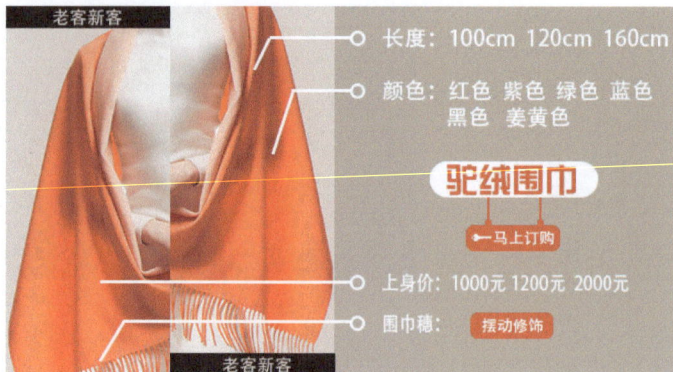

图 3-99　新客与老客图像

操作步骤

（1）在制作新客与老客图像广告图之前先绘制页面的布局草图，设计一个框架，如图 3-100 所示。

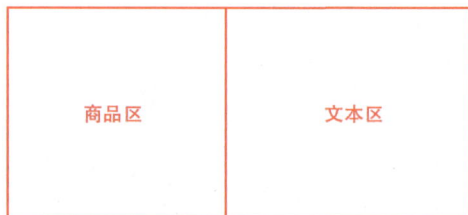

图 3-100　布局草图

（2）如果直接在素材上进行制作，就要进行剪裁，在素材尺寸不足的情况下先新建文档再移入素材。新建一个"宽度"为"608 像素"、"高度"为"336 像素"的空白文档，打开随书附带的"围巾 03"素材，并其拖曳到新建文档中，吸取素材背景的颜色将其填充到文档背景上，如图 3-101 所示。

图 3-101　新建文档并移入素材

（3）复制素材所在的图层，得到一个副本图层，执行菜单中的"编辑/变换/水平翻转"命令，并将其移动到合适位置，如图 3-102 所示。

图 3-102　复制并水平翻转图层

（4）新建图层后，使用 ▢（矩形工具）分别绘制三个黑色矩形，如图 3-103 所示。

图 3-103　绘制黑色矩形

（5）将右侧大黑色矩形所在图层的"不透明度"设置为"12%"，效果如图 3-104 所示。

图 3-104　设置不透明度

（6）在左侧黑色矩形上输入文字，新建一个图层，使用 ╱（直线工具）绘制白色线条，效果如图 3-105 所示。

105

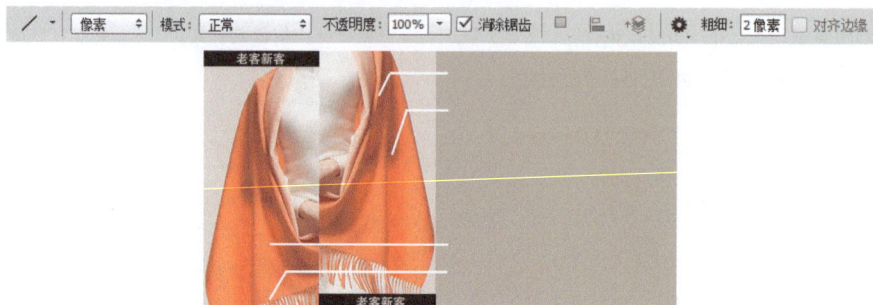

图 3-105　绘制线条

（7）新建一个图层，使用 （自定义形状工具）绘制一个白色圆环，按住"Alt"键的同时向下拖曳圆环，进行复制操作，效果如图 3-106 所示。

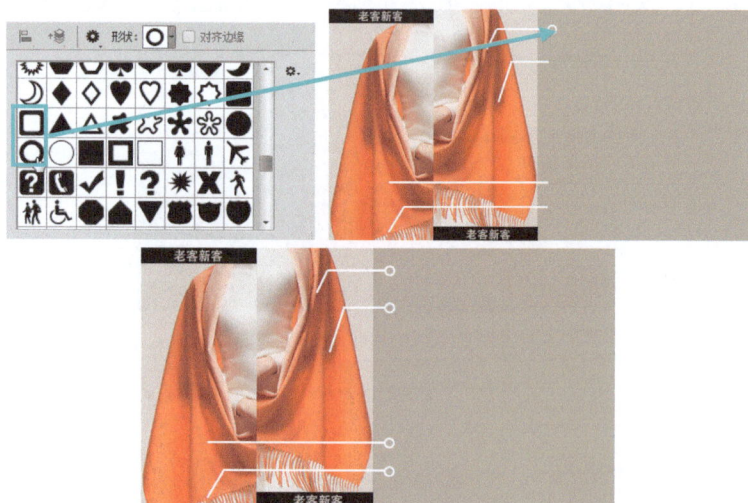

图 3-106　绘制圆环

（8）使用 （横排文字工具）输入与老客图像对应的文字，效果如图 3-107 所示。

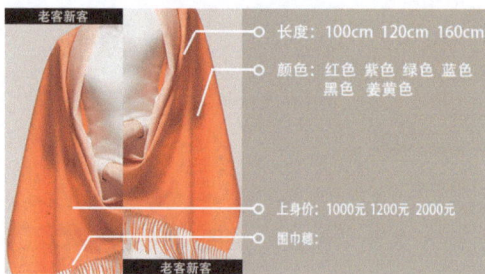

图 3-107　输入文字

（9）新建一个图层，使用 （圆角矩形工具）绘制一个"半径"为"30 像素"的白色圆角矩形，在圆角矩形上输入橙色文字"驼绒围巾"，效果如图 3-108 所示。

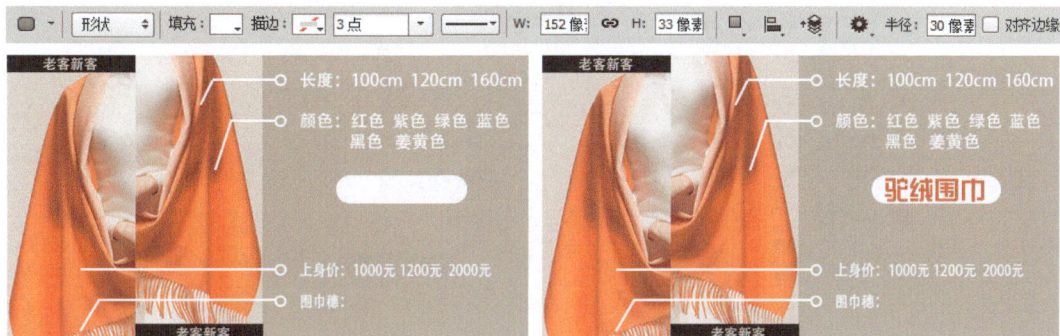

图 3-108　绘制圆角矩形并输入文字

（10）新建一个图层，使用 （圆角矩形工具）绘制一个橙色圆角矩形，并在上面输入白色文字"马上订购"，如图 3-109 所示。

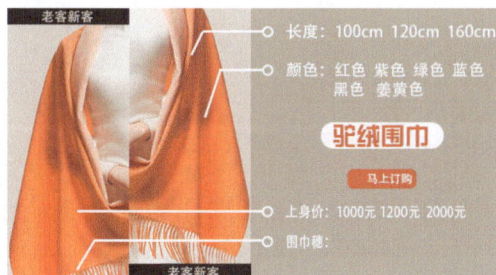

图 3-109　绘制圆角矩形并输入文字

（11）新建图层，先使用 （直线工具）绘制橙色线条，再使用 （椭圆工具）绘制橙色正圆，复制一个副本并移动位置，效果如图 3-110 所示。

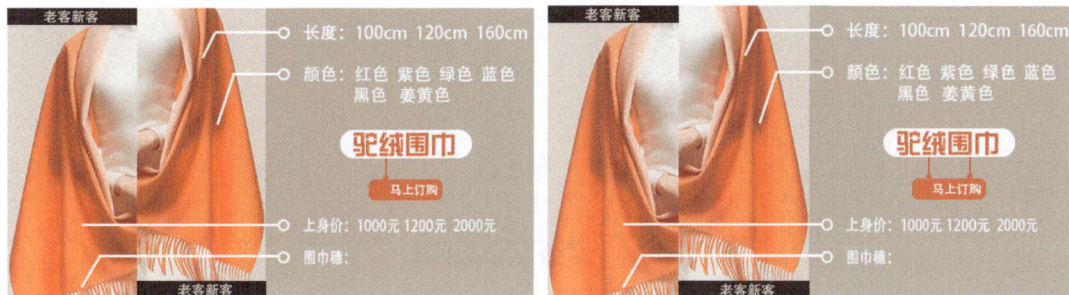

图 3-110　绘制线条和正圆

（12）新建图层，使用 （自定义形状工具）绘制一个白色"钥匙"图形，效果如图 3-111 所示。

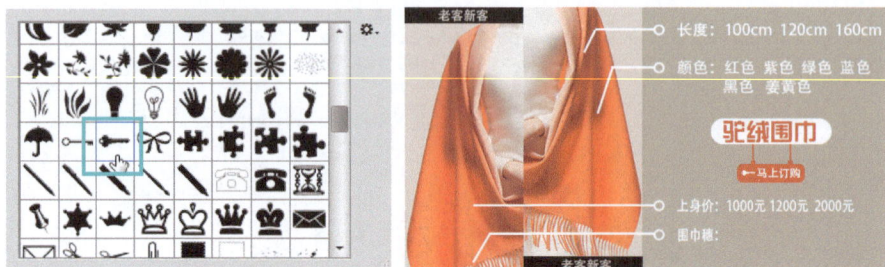

图 3-111　老客图像

（13）在右侧底部绘制橙色圆角矩形，在上面输入白色文字"摆动修饰"，至此本例制作完毕，效果如图 3-112 所示。

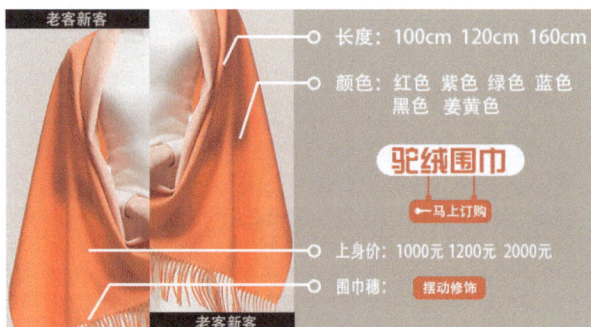

图 3-112　老客图像

（14）使用同样的方法制作出其他新客图像以备后用，效果如图 3-113 所示。

图 3-113　新客图像

3.13　轮播图设计与制作

无论是 PC 端还是掌上店铺中的焦点图，在页面中都是轮播显示的，通过轮播图本身的效果吸引，可以大大增加店铺的流量。在掌上店铺中，焦点图模块图片的大小按 750 像素× 400 像素进行预先设置，本节就为大家讲解一个饰品店铺的轮播图制作，如图 3-114 所示。

图 3-114　轮播图

3.13.1　轮播图 01

操作步骤

（1）在制作轮播图之前先绘制页面的布局草图，设计一个框架，如图 3-115 所示。

（2）执行菜单中的"文件/打开"命令或按"Ctrl+O"组合键，打开随书附带的"空中丝巾"素材，选择 （裁剪工具），在属性栏中设置"宽度"为"750 像素"、"高度"为"400 像素"、"分辨率"为"72 像素/英寸"，如图 3-116 所示。

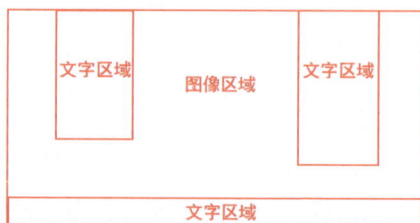

图 3-115　布局草图

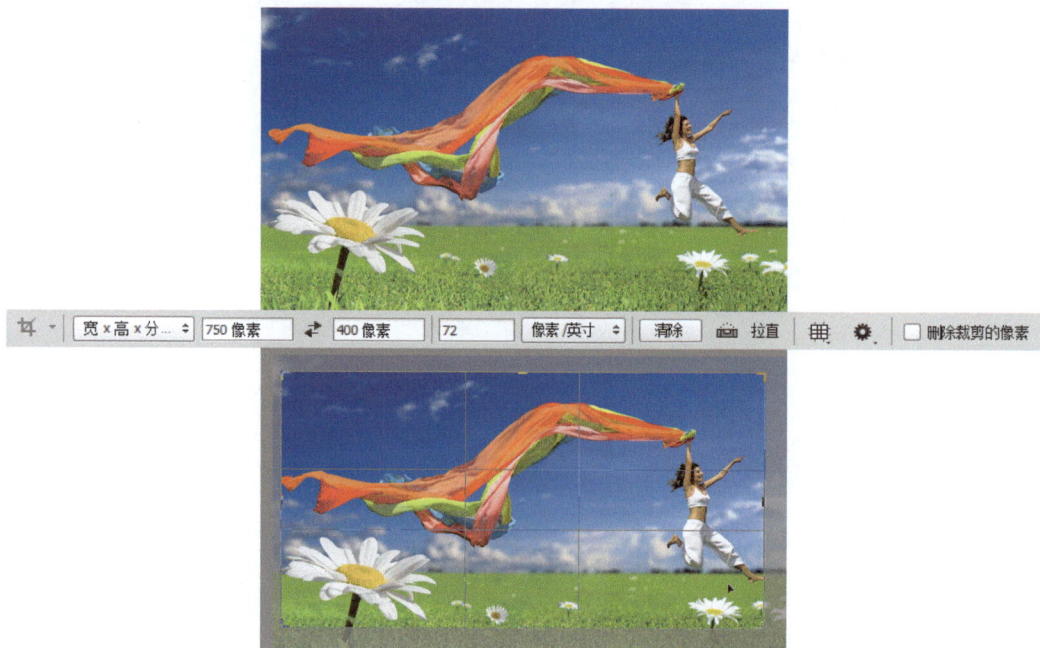

图 3-116　为素材设置裁剪框

（3）调整裁剪位置后，按回车键完成裁剪，如图 3-117 所示。

图 3-117　裁剪后效果

（4）单击"创建新的填充或调整图层"按钮 ![icon]，在弹出的菜单中选择"色相/饱和度"命令，打开"色相/饱和度"属性面板，调整各个参数值，效果如图 3-118 所示。

图 3-118　调整后效果

（5）新建图层，使用 ![icon]（多边形套索工具）在图片底部绘制多边形选区，并为其填充白色，效果如图 3-119 所示。

图 3-119　绘制多边形选区并填充白色

（6）新建图层组再新建图层后，绘制一个黑色矩形，调整其"不透明度"为"28%"，效果如图 3-120 所示。

图 3-120　调整色相后效果

111

（7）新建图层，使用 （多边形套索工具）在黑色矩形底部绘制多边形选区，并为其填充黄色，效果如图 3-121 所示。

图 3-121　绘制选区并填充颜色

（8）按"Ctrl+D"组合键去掉选区，在图片上绘制白色矩形，并在合适的位置输入白色和黑色文字，效果如图 3-122 所示。

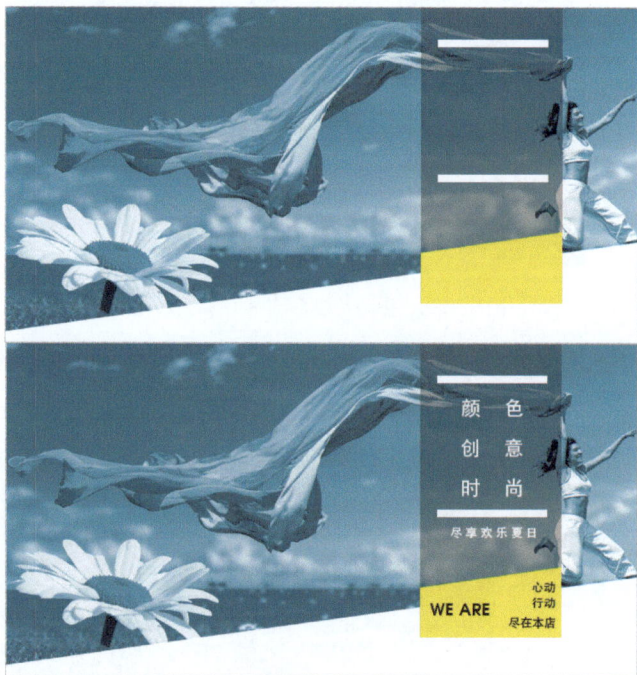

图 3-122　输入文字

（9）使用 （画笔工具）绘制白色和黑色的圆点，效果如图 3-123 所示。

图 3-123　绘制圆点

（10）此时右侧的矩形区域制作完毕，接着制作左侧区域的内容。新建一个图层组后新建一个图层，使用 ▣ （多边形套索工具）绘制一个选区，并将其填充为橙色，设置"不透明度"为"68%"，效果如图 3-124 所示。

图 3-124　填充选区并设置不透明度

（11）按"Ctrl+D"组合键去掉选区，先打开随书附带的"店铺 Logo"素材，并将其填充为白色，再将其拖曳到"轮播图"文档中，调整大小和位置，效果如图 3-125 所示。

图 3-125　移入图片

（12）使用 T. （横排文字工具）输入对应的文字，左侧区域的内容制作完毕，效果如图 3-126 所示。

图 3-126　输入文字

（13）在文档底部的白色区域，使用 T. （横排文字工具）输入黑色文字，并绘制一条用来修饰的黑线，至此本例制作完毕，效果如图 3-127 所示。

图 3-127　最终效果

3.13.2　轮播图 02

操作步骤

（1）在制作轮播图之前先绘制页面的布局草图，设计一个框架，如图 3-128 所示。

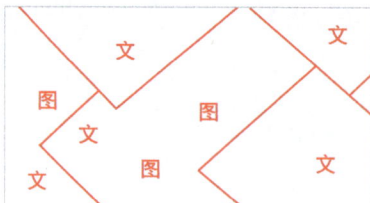

图 3-128　布局草图

（2）执行菜单中的"文件/新建"命令或按"Ctrl+N"组合键，新建一个"宽度"为"750像素"、"高度"为"400 像素"、"分辨率"为"72 像素/英寸"的空白文档，使用 （矩形工具）绘制灰色和青色菱形，如图 3-129 所示。

图 3-129　新建文档并绘制图形

（3）打开素材，如图 3-130 所示。

图 3-130　素材

（4）使用 （矩形选框工具）在素材中绘制正方形选区，按"Shift+Ctrl+U"组合键去掉颜色，将选区内的图像拖曳到轮播图文档中，调整大小和位置，效果如图 3-131 所示。

图 3-131　裁剪图像

（5）使用 （横排文字工具）分别输入白色、青色和黑色文字，如图 3-132 所示。

图 3-132　输入文字

（6）使用 ![icon]（自定义形状工具）绘制一个白色"箭头"图形，按住 Alt 键的同时拖曳箭头，复制副本，调整颜色，效果如图 3-133 所示。

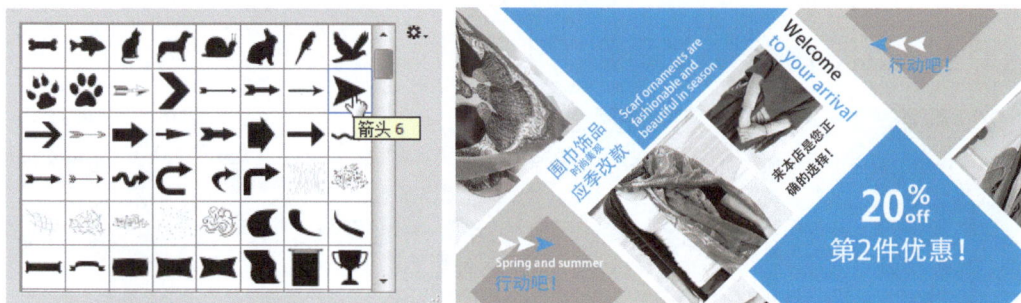

图 3-133　绘制图形

（7）使用 T（横排文字工具）输入"千围饰品"文本，如图 3-134 所示。

图 3-134　输入文字

（8）执行菜单中的"图层/图层样式/外发光"命令，设置"外发光"样式，各参数值设置如图 3-135 所示。

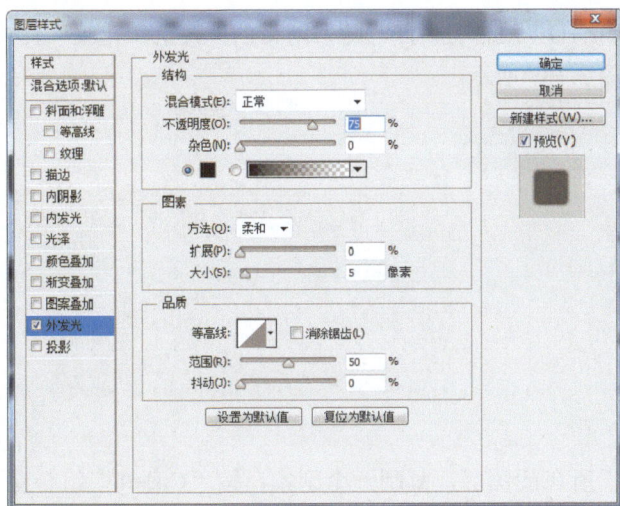

图 3-135　设置"外发光"样式

（9）设置完毕后单击"确定"按钮，至此本例制作完毕，效果如图 3-136 所示。

图 3-136　最终效果

3.14　左文右图模块设计与制作

左文右图的图片模式是掌上店铺特有的一种图片宣传效果，图片的大小按 608 像素× 160 像素预先进行设置，本节就为大家讲解一个围巾饰品店铺左文右图模块的制作，具体操作如下。

操作步骤

（1）先执行菜单中的"文件/新建"命令或按"Ctrl+N"组合键，新建一个"宽度"为"608 像素"、"高度"为"160 像素"、"分辨率"为"72 像素/英寸"的空白文档，再执行菜单中的"文件/打开"命令或按"Ctrl+O"组合键，打开随书附带的"天空和花纹"素材，并将其拖曳到"左文右图"文档中，如图 3-137 所示。

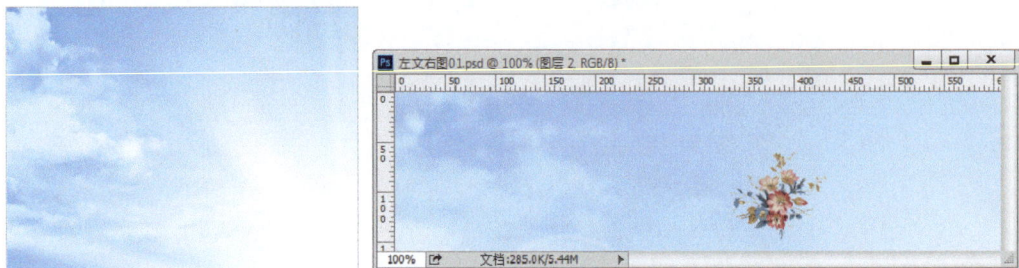

图 3-137　移入素材

（2）选择"花纹"所在的图层，复制一个副本，按"Ctrl+T"组合键调出变化框，拖动中心点到右侧，并调整大小及旋转效果，如图 3-138 所示。

图 3-138　变换

（3）按回车键完成变换，并按"Ctrl+Shift+Alt+T"组合键进行旋转复制，效果如图 3-139 所示。

图 3-139　旋转复制变换

（4）先同时选取原"花纹"图层和复制的图层，按"Ctrl+E"组合键合并选择的图层，再复制合并后的图层，执行菜单中的"编辑/变换/水平翻转"命令，翻转后向右移动图像，再移入一个"花纹"素材，效果如图 3-140 所示。

图 3-140　水平翻转

（5）打开随书附带的"影"素材，将其拖曳到"左文右图"文档中，效果如图 3-141 所示。

图 3-141　移入"影"素材

（6）打开随书附带的"围巾人物 2"素材，将其拖曳到"左文右图"文档中并调整大小，效果如图 3-142 所示。

图 3-142　移入"围巾人物 2"素材

（7）新建图层，使用 （矩形工具）绘制一个白色矩形，调整其"不透明度"为"41%"，输入文字并导入图标，效果如图 3-143 所示。

图 3-143　左文右图

（8）此时发现人物与背景没有层次感，于是为其添加一个投影，增加层次感，按住"Ctrl"键的同时单击人物所在的图层缩略图，调出选区，并在下面新建一个图层且填充为黑色，效果如图 3-144 所示。

图 3-144　调出选区并填充黑色

（9）先按"Ctrl+D"组合键去掉选区，再按"Ctrl+T"组合键调出变换框，最后按住"Ctrl"键并拖动控制点调整变换，效果如图 3-145 所示。

图 3-145　变换

（10）按回车键完成变换，执行菜单中的"滤镜/模糊/高斯模糊"命令，打开"高斯模糊"对话框，参数值设置如图 3-146 所示。

（11）设置完毕后单击"确定"按钮，设置"不透明度"为"27%"，至此本例制作完毕，效果如图 3-147 所示。

图 3-146　"高斯模糊"对话框

图 3-147　最终效果

（12）使用同样的方法制作其他左文右图模式的图片，效果如图 3-148 所示。

图 3-148　其他左文右图模式的图片

3.15　活动头图片模块设计与制作

活动头图片模式是掌上店铺自定义装修界面特有的一种图片宣传效果，头图片按 640 像素×304 像素预先进行设置。本节就为大家讲解一个围巾饰品店铺的活动头图片的制作，如图 3-149 所示，具体操作如下。

图 3-149　活动头图片

（1）在制作活动头图片之前先绘制页面的布局草图，设计一个框架，如图 3-150 所示。

图 3-150　布局草图

（2）新建一个"宽度"为"640 像素"、"高度"为"304 像素"、"分辨率"为"72 像素/英寸"、名称为"活动头图片"的空白文档，单击"创建新的填充或调整图层"按钮 ，选择"树叶图案纸"选项，如图 3-151 所示。

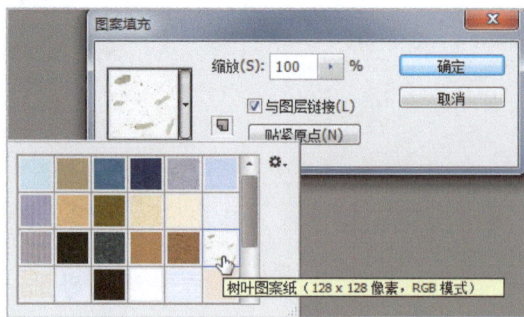

图 3-151　选择图案

（3）在"图层"面板中设置"不透明度"为"12%"，如图 3-152 所示。

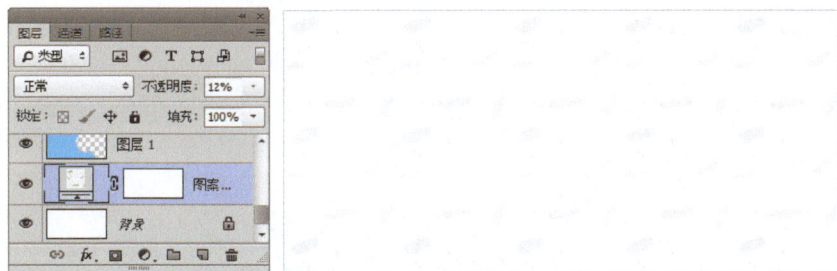

图 3-152　调整不透明度

（4）新建图层，使用 （多边形套索工具）绘制选区，将其填充为青色，效果如图 3-153 所示。

图 3-153　填充颜色

（5）按 "Ctrl+D" 组合键去掉选区，绘制一个正圆选区，按 "Delete" 键清除选区内容，效果如图 3-154 所示。

图 3-154　清除

（6）按 "Ctrl+D" 组合键去掉选区，复制并填充图层，设置 "混合模式" 为 "柔光"、"不透明度" 为 "86%"，效果如图 3-155 所示。

图 3-155　复制并填充图层

（7）打开随书附带的"围巾人物 2"素材，并将其拖曳到"活动头图片"文档中，如图 3-156
所示。

图 3-156　移入素材

（8）此时发现人物与背景没有层次感，于是为其添加一个投影，增加层次感，按住"Ctrl"
键的同时单击人物所在的图层缩略图，调出选区，在下面新建一个图层并将选区填充为黑色，
效果如图 3-157 所示。

图 3-157　调出选区并填充黑色

（9）先按"Ctrl+D"组合键去掉选区，再按"Ctrl+T"组合键调出变换框，最后按住"Ctrl"
键并拖动控制点调整变换，效果如图 3-158 所示。

图 3-158　调整变换

（10）按回车键完成变换，执行菜单中的"滤镜/模糊/高斯模糊"命令，打开"高斯模糊"对话框，参数值设置如图 3-159 所示。

（11）设置完毕后单击"确定"按钮，并设置"不透明度"为"37%"，效果如图 3-160 所示。

图 3-159　"高斯模糊"对话框

图 3-160　添加的阴影

（12）打开随书附带的"墨迹"素材，将其拖曳到"活动头图片"文档中，如图 3-161 所示。

图 3-161　移入素材

（13）单击"创建图层蒙版"按钮 ，为图层添加一个白色图层蒙版，使用 （渐变工具）在蒙版中填充"从黑色到白色"的径向渐变，效果如图 3-162 所示。

图 3-162　编辑蒙版

（14）新建一个图层并绘制一个深青色矩形，效果如图 3-163 所示。

（15）按"Ctrl+D"组合键去掉选区，绘制一个正圆选区，如图 3-164 所示。

图 3-163　绘制矩形

图 3-164　绘制正圆选区

（16）先按"Ctrl+Shift+I"组合键反选选区，再按"Delete"键清除选区内容，如图 3-165 所示。

（17）按"Ctrl+D"组合键去掉选区，在此区域输入合适的文字，如图 3-166 所示。

图 3-165　清除选区内容

图 3-166　输入文字

（18）使用 ![custom shape icon] （自定义形状工具）绘制一个"箭头"图形和两个"花"图形，至此本例制作完毕，效果如图 3-167 所示。

（19）为不同的商品自定义页面制作活动头图片，效果如图 3-168 所示。

图 3-167　最终效果

图 3-168　其他活动头图片

3.16　多图片模块设计与制作

多图片模式是掌上店铺装修界面特有的一种图片宣传效果，被插入的图片在屏幕中可以左右滑动，图片的大小按 248 像素×146 像素预先进行设置。本节就为大家讲解一个毛绒玩具店铺的多图片模块的制作，具体操作如下。

操作步骤

（1）执行菜单中的"文件/新建"命令或按"Ctrl+N"组合键，新建一个"宽度"为"248像素"、"高度"为"146 像素"、"分辨率"为"72 像素/英寸"的空白文档，并将文档填充为绿色，如图 3-169 所示。

（2）使用 ▦ （矩形选框工具）绘制一个矩形选区，如图 3-170 所示。

图 3-169　填充

图 3-170　绘制矩形选区

（3）执行菜单中的"图像/调整/亮度/对比度"命令，打开"亮度/对比度"对话框，参数值设置如图 3-171 所示。

（4）设置完毕后单击"确定"按钮，效果如图 3-172 所示。

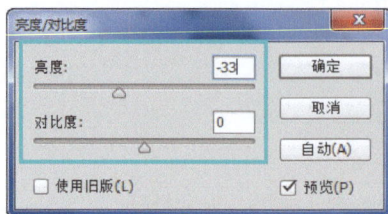

图 3-171　"亮度/对比度"对话框

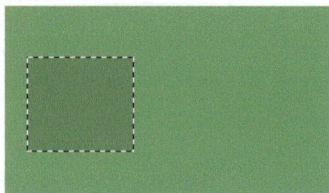

图 3-172　调整亮度后的效果

（5）按"Ctrl+D"组合键去掉选区，使用 T （横排文字工具）输入文字，效果如图 3-173 所示。

图 3-173　输入文字

（6）使用同样的方法制作其他几张图片，效果如图 3-174 所示。

图 3-174　多图模式

128

（7）新建一个"宽度"为"630 像素"、"高度"为"350 像素"、"分辨率"为"72 像素/英寸"的空白文档，按照前面的方法制作一个"天天特价"的图片，效果如图 3-175 所示。

图 3-175　"天天特价"图片效果

第 4 章

掌上店铺后台设置全局与首页运营装修实战

本章重点：

- ✦ 进入手机淘宝首页后台
- ✦ 上传制作完毕的装修模块图片到图片空间
- ✦ 设置全局
- ✦ 插入首屏广告图片
- ✦ 插入双列图片
- ✦ 插入新老客模块
- ✦ 插入轮播图模块
- ✦ 插入左文右图模块
- ✦ 插入多图模块
- ✦ 插入宝贝展示效果
- ✦ 插入文本
- ✦ 创建链接

　　本章主要为大家介绍如何将前一章设计制作的装修模块应用到手机淘宝首页中，完成最终的运营装修效果，使手机淘宝店铺能够在手机等移动设备中正常运营，使开店者真正将店铺从 PC 端淘宝开到手机等掌上设备中。

4.1　进入手机淘宝首页后台

　　手机淘宝中的各个元素制作完毕后，就应该将其应用到手机淘宝中了，在此之前要先掌握如何进入手机淘宝网店的后台，具体步骤如下。

操作步骤

　　（1）登录淘宝后，单击"卖家中心"按钮，进入"卖家中心"界面，可以执行菜单中的"店铺管理/手机淘宝店铺"命令，或者直接在"常用操作"区域单击"手机淘宝店铺"按钮，如图 4-1 所示。

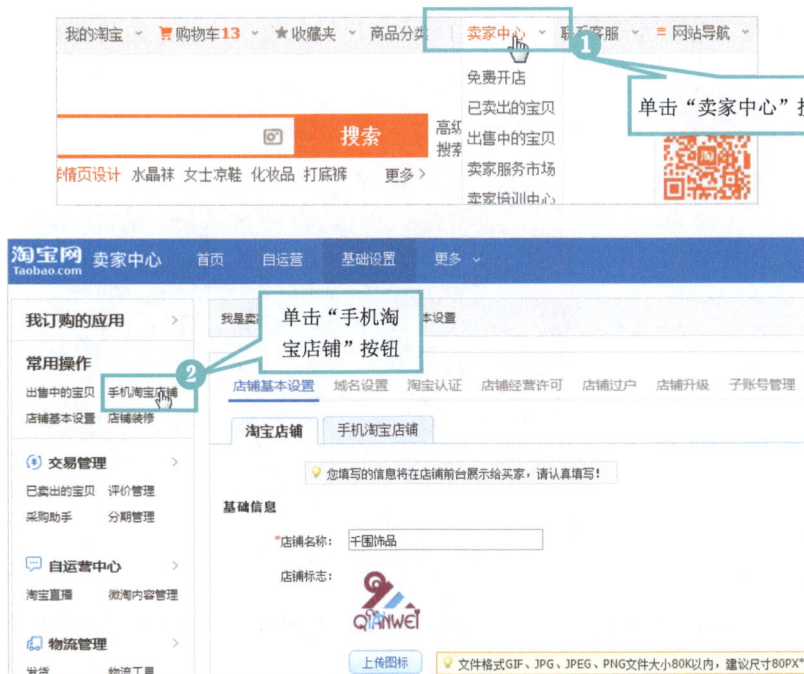

图 4-1　选择

　　（2）单击"淘宝手机店铺"按钮后，在界面右侧会出现"无线店铺"区域，单击"立即装修"按钮，如图 4-2 所示。

图 4-2 单击"立即装修"按钮

（3）系统进入"无线运营中心"界面，单击"店铺装修"按钮，如图 4-3 所示。

图 4-3 单击"店铺装修"按钮

（4）单击"店铺装修"按钮后，在 "装修手机淘宝店铺"区域单击"店铺首页"图标按钮，如图 4-4 所示。

（5）单击"店铺首页"按钮后，进入手机淘宝店铺后台中，如图 4-5 所示。

（6）单击"装修页面"按钮后，便进入手机淘宝店铺的首页装修界面中，如图 4-6 所示。

图 4-4　选择店铺首页

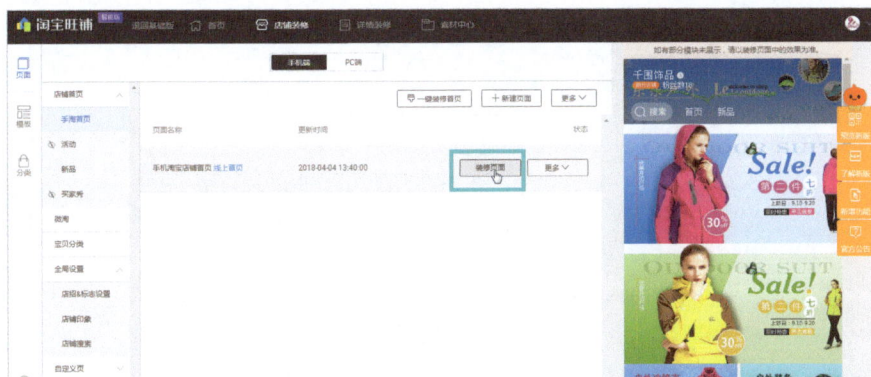

图 4-5　手机淘宝店铺后台

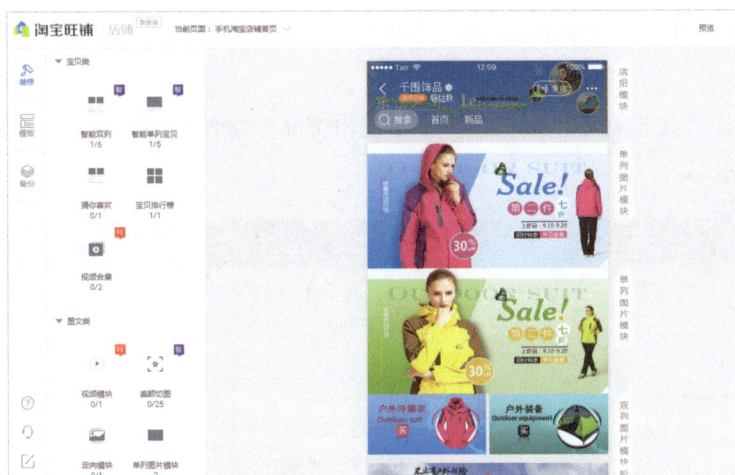

图 4-6　手机淘宝店铺首页

4.2　上传制作完毕的装修模块图片到图片空间

在装修之前，要将之前制作的各个元素上传到"图片空间"中，这样更利于装修且方便管理操作，具体的操作步骤如下。

操作步骤

（1）进入后台，执行"我是卖家/店铺管理/图片空间"命令，即可进入"图片空间"界面，如图 4-7 所示。

图 4-7　执行命令

（2）为了方便查找与管理，我们在"千围围巾饰品"文件夹中新建一个"掌上店铺"文件夹，如图 4-8 所示。

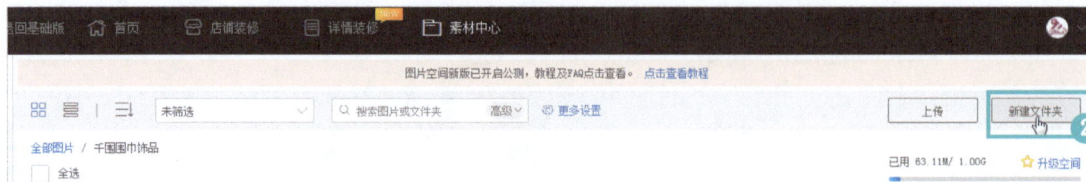

图 4-8　新建文件夹

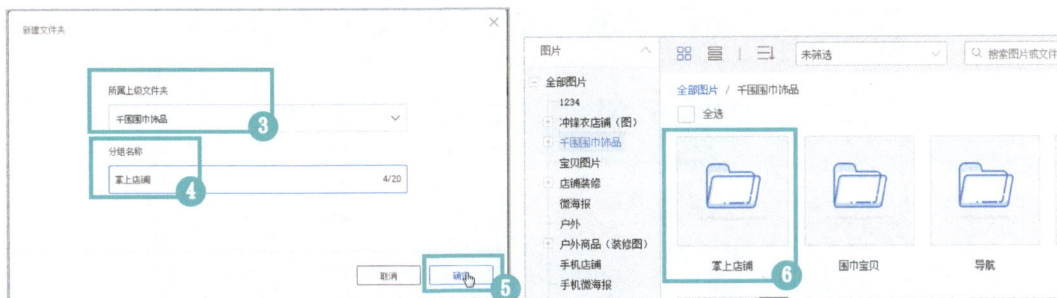

图 4-8 新建文件夹（续）

（3）先在"图片空间"中双击"掌上店铺"文件夹，再单击"上传"按钮，如图 4-9 所示。

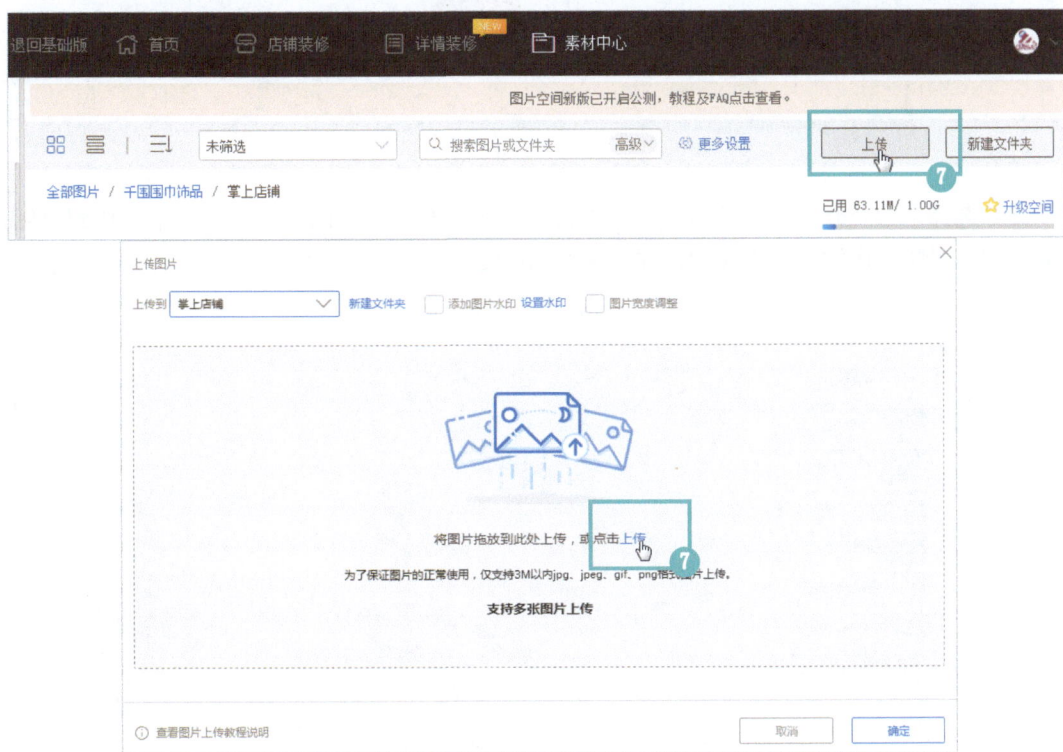

图 4-9 上传

（4）打开"打开"对话框，选择需要上传的图片，如图 4-10 所示。

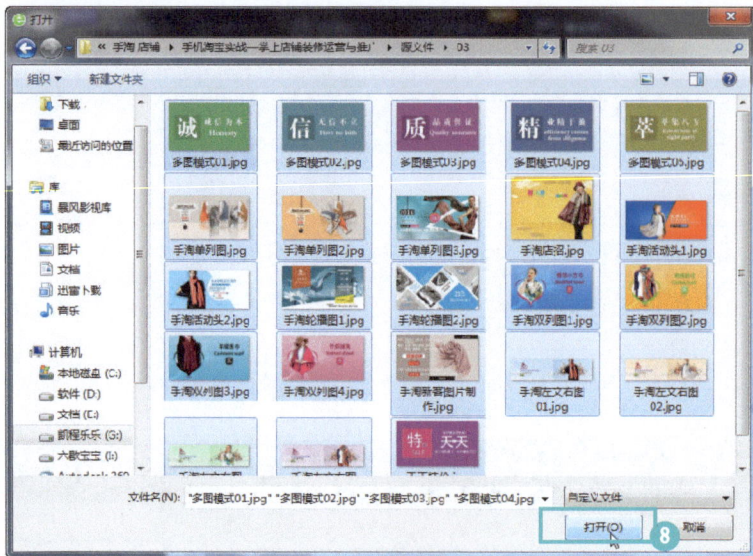

图 4-10　选择图片

（5）选择全部装修元素，单击"打开"按钮，此时会将制作的各个装修元素上传到"图片空间"中的"掌上店铺"文件夹中，如图 4-11 所示。

图 4-11　上传的图片

图 4-11　上传的图片（续）

> **温馨提示**
>
> 将装修用到的图片直接上传到"图片空间"中，可以为以后的操作节省很多时间。

4.3　设置全局

要开掌上店铺，就需要为店铺设置全局，比如设置店铺标志、店招及搜索等，让浏览者知道浏览的是什么店铺。

4.3.1　店标与店招的更换

手机淘宝店铺的店标与 PC 端淘宝店铺的店标是同一个，当 PC 端淘宝店铺替换了店标后，手机端的店铺的店标也会跟着替换，反之亦然。手机端的店铺的店招尺寸比实际显示的区域要大很多，所以在设计时一定要考虑店招在掌上设备上显示的效果，下面就为大家讲解具体操作方法。

掌上店铺店标的应用方法如下。

操作步骤

（1）在手机淘宝后台中展开"全局设置"子菜单，选择其中的"店招&标志设置"选项，如图 4-12 所示。

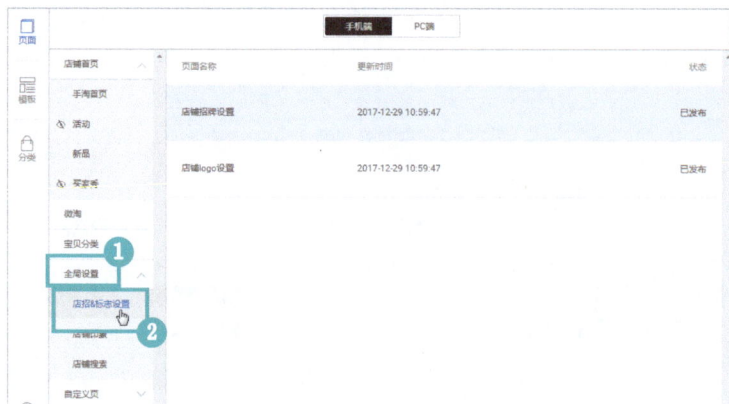

图 4-12　选择

（2）将鼠标移到"店铺 logo 设置"选项上，此时会出现"设置 LOGO"按钮，单击此按钮，如图 4-13 所示。

图 4-13　设置店铺 LOGO

（3）在弹出的对话框中单击"替换图片"按钮，如图 4-14 所示。

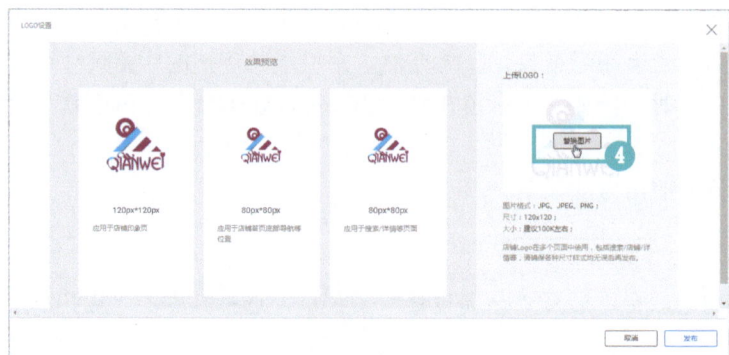

图 4-14　单击"替换图片"按钮

（4）在"图片空间"中选择要替换的图片，如图 4-15 所示。

图 4-15　选择图片

（5）单击"确认"按钮后，系统会自动替换店标，效果如图 4-16 所示。

图 4-16　替换店标

掌上店铺店招的应用方法如下。

操作步骤

（1）在手机淘宝后台中展开"全局设置"子菜单，选择其中的"店招&标志设置"选项，将鼠标移到"店铺招牌设置"选项，此时会出现"设置店招"按钮，单击此按钮，如图 4-17 所示。

（2）在"上传背景"处单击"替换图片"按钮，如图 4-18 所示。

（3）在弹出的对话框中选择店招图片，如图 4-19 所示。

图 4-17　选择命令

图 4-18　单击"替换图片"按钮

图 4-19　选择图片

> 如果需要替换的图片的尺寸不符合要求，系统会直接以文字的方式在图片上进行提示。

温馨提示

（4）单击"确认"按钮，如图 4-20 所示。

图 4-20　单击"确认"按钮

（5）单击"保存"按钮，系统会应用新的店招，效果如图 4-21 所示。

图 4-21　应用新店招

（6）单击"发布"按钮，完成新店招的应用。

4.3.2　设置店铺印象

店铺印象就是店铺名片，用来更好地展示店铺的软实力，具体应用方法如下。

操作步骤

（1）在手机淘宝后台中展开"全局设置"的子菜单，选择"店铺印象"选项，在界面右侧弹出的内容中单击"装修页面"按钮，如图 4-22 所示。

图 4-22　选择

（2）以"店铺介绍"为例，只要单击店铺介绍区域，在界面右侧就会弹出编辑选项，选择一个关于本店的介绍视频就可以了，如图 4-23 所示。

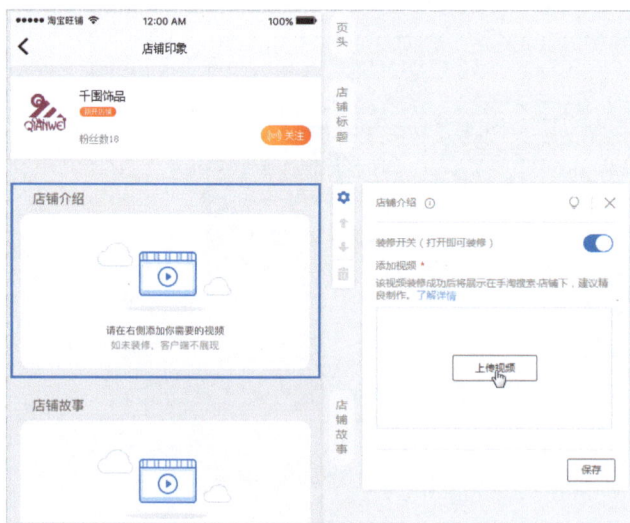

图 4-23　选择视频

温馨提示

　　店铺介绍视频仅支持 **200MB** 以内 wmv、avi、mpg、mpeg、3gp、mov、mp4、flv、f4v、m4v、m2t、mts、rmvb、vob、mkv 格式的文件。

（3）单击"上传视频"按钮，选择一个视频，如图 4-24 所示。

图 4-24　选择视频

（4）单击"确认"按钮，视频上传成功，如图 4-25 所示。"店铺故事"和"店铺说明"区域的设置方法与此相同。

图 4-25　上传的视频

4.3.3　设置店铺搜索

店铺搜索可以通过设置的关键词快速进行店内查找，具体应用方法如下。

操作步骤

（1）在手机淘宝后台中展开"全局设置"子菜单，选择"店铺搜索"选项，在界面右侧弹出的内容中单击"设置关键词"按钮，如图 4-26 所示。

图 4-26　选择命令

（2）设置关键词，如图 4-27 所示。

图 4-27　设置关键词

（3）选择"热门关键词"选项，如图 4-28 所示。

（4）单击"店铺搜索"对话框中的"发布"按钮，可以在手机淘宝的搜索栏中看到热门关键词，如图 4-29 所示。

图 4-28　选择"热门关键词"选项

图 4-29　应用

4.4　插入首屏广告图片

首屏广告图片在手机淘宝店铺中通常由单列图片模块展现，要求按 750 像素×（200～950）像素进行设计，主要作用是吸引买家目光，增加店铺流量，具体应用步骤如下。

操作步骤

（1）在手机淘宝店铺首页的装修模块区选择"图文类"中的"单列图片模块"，并将其拖曳到预览区中，如图 4-30 所示。

图 4-30　拖曳"单列图片模块"到预览区

（2）将"单列图片模块"拖曳到预览区后，该区域会出现 "单列图片模块"，如图 4-31 所示。

图 4-31　单列图片模块出现在预览区

（3）选择插入的"单列图片模块"后，在界面右侧会弹出"单列图片模块"编辑区，先单击"添加图片"按钮，再在弹出的界面中单击"本地上传"按钮，如图 4-32 所示。

图 4-32　单击"本地上传"按钮

（4）系统会弹出"选择图片"对话框，先在界面左侧选择"掌上店铺"文件夹，再在界面右侧选择单列图片，如图 4-33 所示。

图 4-33　选择单列图片

（5）单击"确认"按钮后进入裁剪图片区域，由于选择的图片是符合尺寸要求的，所以将裁剪框拖曳到整个图片，如图 4-34 所示。

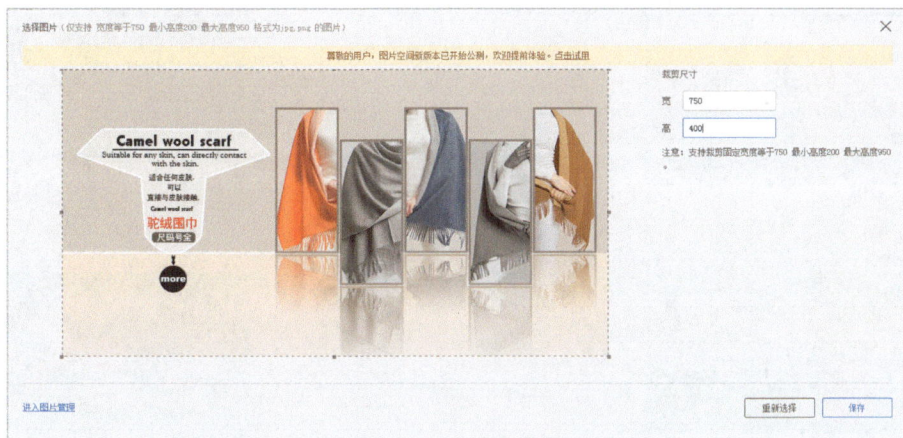

图 4-34　裁剪单列图片

（6）单击"保存"按钮后，单列图片会显示在装修预览区，如图 4-35 所示。

在此处输入
图片辅助文字

此处用来设置单列
图片在手机淘宝店
铺中对应的店铺页
面的链接

图 4-35　插入图片

温馨提示　在"单列图片模块"中的"文字"区域输入的文字，会显示在单列图片的下方，起到辅助说明的作用，如图 4-36 所示。

（7）使用同样的方法，也可以插入之前制作的其他单列图片，效果如图 4-37 所示。

（8）在手机淘宝店铺首页的右上角单击"保存"按钮，可以将操作进行保存，单击"发布"按钮即可将设置后的效果发布到手机淘宝中。

图 4-36　输入的文字　　　　　　　　　　　图 4-37　插入其他单列图片

4.5　插入双列图片

在手机淘宝店铺中，双列图片在水平位置可以并排显示两个图像，要求按 370 像素×（100～400）像素进行设计，主要作用是细化店铺的商品，具体的应用步骤如下。

操作步骤

（1）在手机淘宝店铺首页的装修模块区，选择"图文类"中的"双列图片模块"，并将其拖曳到预览区中，如图 4-38 所示。

图 4-38　拖曳双列图片模块

（2）在界面右侧弹出的"双列图片模块"编辑区，先将鼠标拖曳到"添加图片"按钮上，再单击"本地上传"按钮，如图 4-39 所示。

图 4-39 "双列图片模块"编辑区

（3）系统会弹出"选择图片"对话框，先在界面左侧单击"掌上店铺"文件夹，再在界面右侧选择双列图片，如图 4-40 所示。

图 4-40 选择双列图片

（4）单击"确认"按钮后，进入裁剪图片区域，由于选择的图片是符合尺寸要求的，所以直接将裁剪框拖曳到整个图片，如图 4-41 所示。

图 4-41　编辑双列图片

（5）单击"保存"按钮后，双列图片会显示在上传图片区，使用同样的方法上传其他图片到上传图片区，如图 4-42 所示。

（6）设置完毕后单击"保存"按钮，此时双列图片将显示在预览区中，效果如图 4-43 所示。

图 4-42　上传图片

图 4-43　最终效果

（7）在手机淘宝店铺首页的右上角单击"保存"按钮，保存操作，单击"发布"按钮即可将设置后的效果发布到手机淘宝中。

4.6　插入新老客模块

在手机淘宝店铺中，新老客模块的图片要求按 608 像素×336 像素进行设计，主要作用是在新老客户浏览该店时显示不同的图片。在手机淘宝店铺中只能插入一次新老客图片，具体的应用步骤如下。

操作步骤

（1）在手机淘宝店铺首页的装修模块区，选择"智能类"中的"新老客模块"，并将其拖曳到预览区中，如图 4-44 所示。

图 4-42　拖曳新老客模块

（2）在界面右侧弹出的"新老客模块"编辑区，将鼠标拖曳到"老客图片"上的"添加图片"按钮时，系统弹出"本地上传"按钮，如图 4-45 所示。

（3）单击"本地上传"按钮后，系统会弹出"选择图片"对话框，先在界面左侧单击"掌上店铺"文件夹，再在界面右侧选择老客图片，如图 4-46 所示。

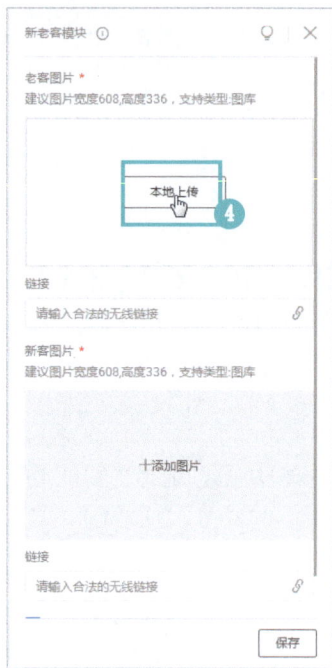

图 4-45　"新老客模块"编辑区

图 4-46　选择老客图片

　　（4）单击"确认"按钮后进入裁剪图片区域，由于选择的图片是符合尺寸要求的，所以将裁剪框拖曳到整个图片，如图 4-47 所示。

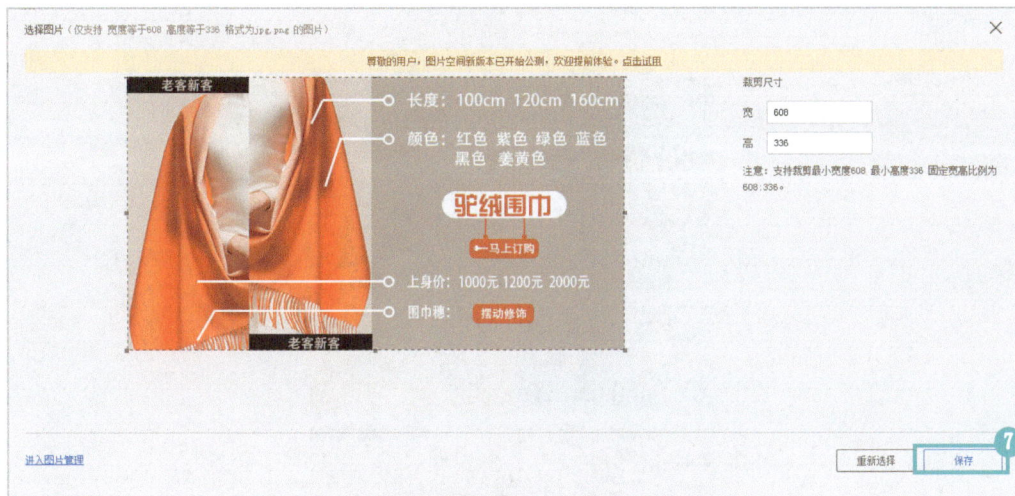

图 4-47　拖曳老客图片

（5）单击"保存"按钮后，老客图片会显示在新老客模块的图片区。单击"新客图片"上的"上传图片"按钮，选择"新客图片"，如图 4-48 所示。

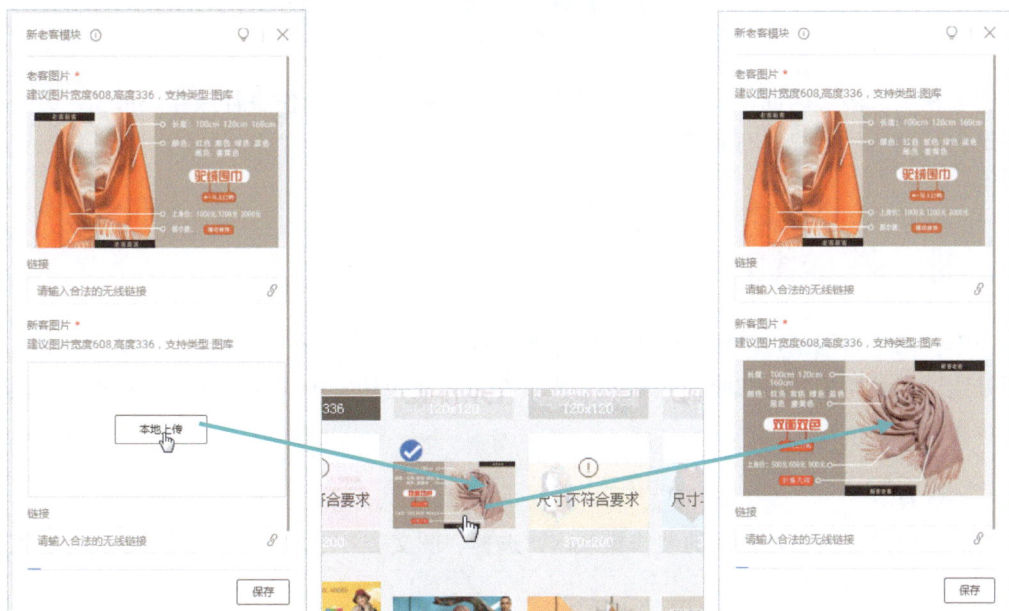

图 4-48　插入图片

（6）设置完毕后单击"保存"按钮，此时新客图片将显示在预览区中，效果如图 4-49 所示。

图 4-49　插入的新老客图片

（7）在手机淘宝店铺首页的右上角单击"保存"按钮，将操作进行保存，单击"发布"按钮即可将设置后的效果发布到手机淘宝中。

4.7　插入轮播图模块

在手机淘宝店铺中，轮播图模块的图片要求按 750 像素×（200～950）像素进行设计，主要作用是通过图片轮播的方式吸引买家的目光。在手机淘宝店铺中只能插入两次轮播图，具体的应用步骤如下。

操作步骤

（1）在手机淘宝店铺首页的装修模块区，选择"图文类"中的"轮播图模块"，并将其拖曳到预览区中，如图 4-50 所示。

图 4-50　拖曳轮播图模块

（2）在界面右侧弹出的"轮播图模块"编辑区，先单击"轮播图"图片上的"+"按钮，再单击"本地上传"按钮，如图 4-51 所示。

图 4-51　"轮播图模块"编辑区

（3）系统会弹出"选择图片"对话框，在界面左侧单击"掌上店铺"文件夹，在界面右侧选择"轮播图 01 图片"，如图 4-52 所示。

（4）单击"确认"按钮后，进入裁剪图片区域，由于此图是符合尺寸要求的，所以将裁剪框拖曳到整个图片，如图 4-53 所示。

（5）单击"保存"按钮后，轮播图 01 图片会显示在轮播图模块的图片区。单击"添加"按钮，出现一个新的"轮播图图片"区域，如图 4-54 所示。

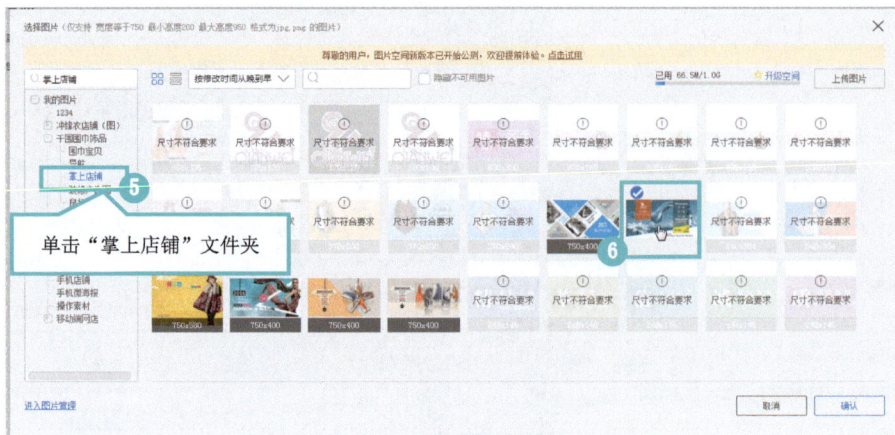

图 4-52　选择轮播图图片

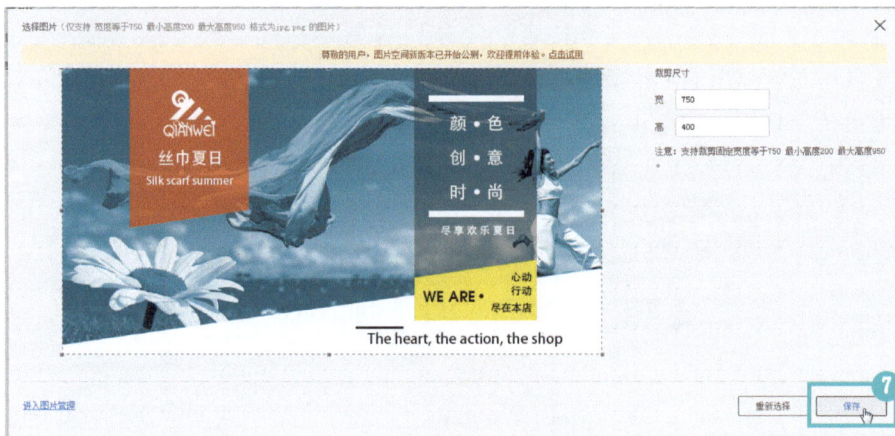

图 4-53　裁剪图片区域

图 4-54　单击"添加"按钮

（6）单击"本地上传"按钮，弹出"选择图片"对话框，在界面左侧单击"掌上店铺"文件夹，在界面右侧选择"轮播图 02 图片"，如图 4-55 所示。

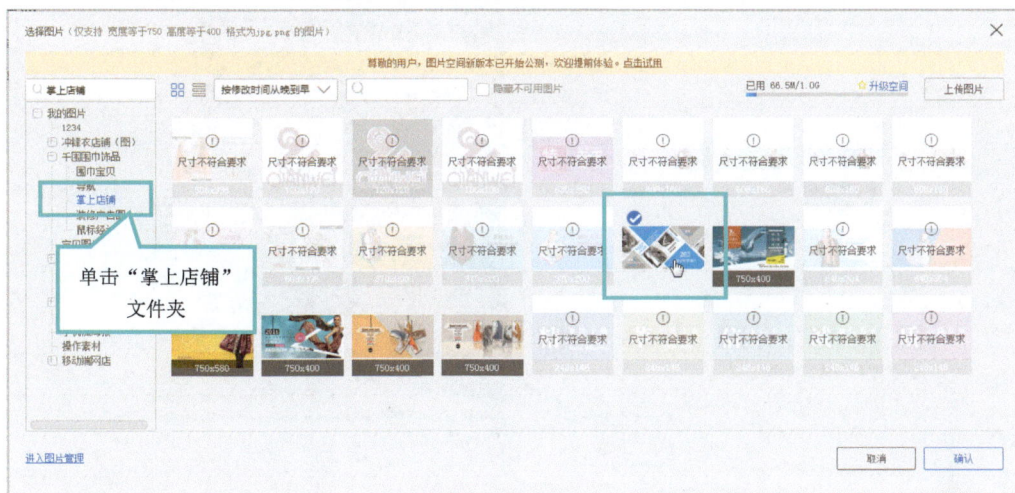

图 4-55　选择图片

（7）单击"确认"按钮后，进入裁剪图片区域，由于此图是符合尺寸要求的，直接单击"保存"按钮，如图 4-56 所示。

图 4-56　保存

（8）轮播图 02 图片会显示在"轮播图模块"的图片区，单击"保存"按钮即可在预览区看到插入轮播图的效果，如图 4-57 所示。

图 4-57　插入的轮播图图片

（9）在手机淘宝店铺首页的右上角单击"保存"按钮，将操作进行保存，单击"发布"按钮即可将设置后的效果发布到手机淘宝中。

4.8　插入左文右图模块

在手机淘宝店铺中左文右图模块的图片要求按 608 像素×160 像素进行设计，主要作用是对商品进行详细介绍，具体的应用步骤如下。

操作步骤

（1）在手机淘宝店铺首页的装修模块区，选择"图文类"中的"左文右图模块"，并将其拖曳到预览区中，如图 4-58 所示。

（2）在界面右侧弹出的"左文右图模块"编辑区，移动鼠标到"图片"上的"添加图片"按钮时，系统会弹出"本地上传"按钮，如图 4-59 所示。

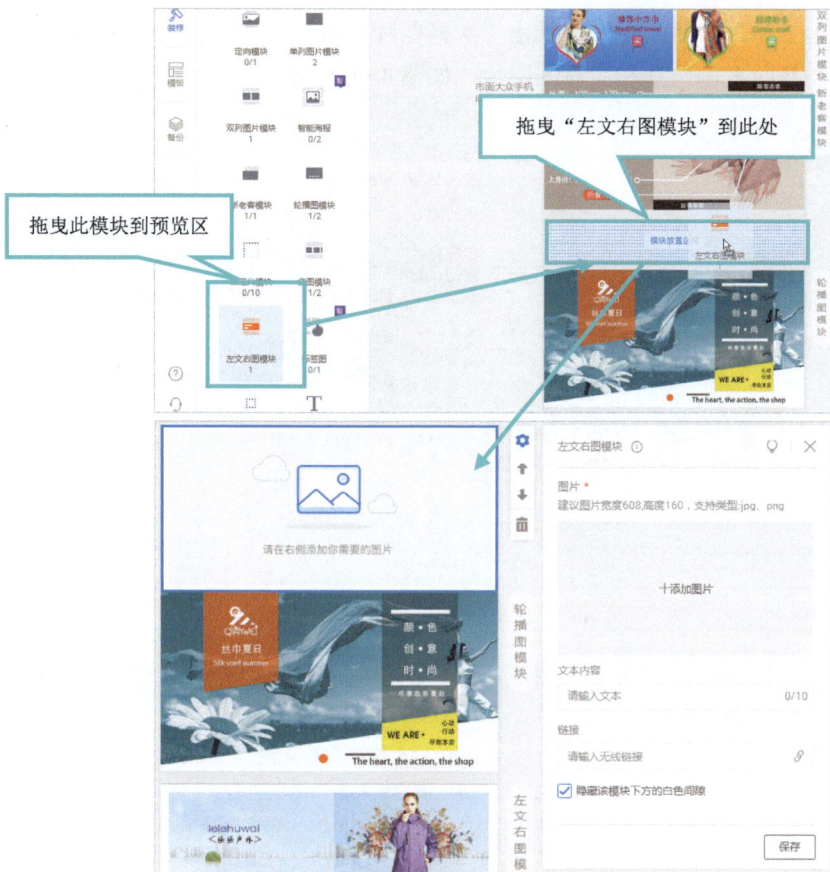

图 4-58　拖曳左文右图模块

图 4-59　"左文右图模块"编辑区

（3）单击"本地上传"按钮，系统会弹出"选择图片"对话框，先在界面左侧单击"掌上店铺"文件夹，再在界面右侧选择左文右图图片，如图 4-60 所示。

图 4-60　选择左文右图图片

（4）单击"确认"按钮后，进入裁剪图片区域，由于此图是符合尺寸要求的，所以直接单击"上传"按钮，如图 4-61 所示。

图 4-61　上传左文右图图片

（5）单击"保存"按钮后，左文右图图片会显示在图片区，如图 4-62 所示。

（6）设置完毕后再次单击编辑区的"保存"按钮，此时左文右图图片将显示在预览区中，效果如图 4-63 所示。

图 4-62　在图片区插入图片

图 4-63　在预览区插入图片

（7）在手机淘宝店铺首页的右上角单击"保存"按钮，将操作进行保存，单击"发布"按钮即可将设置后的效果发布到手机淘宝中。

4.9　插入多图模块

在手机淘宝店铺中，多图模块的图片要求按 248 像素×146 像素进行设计，主要作用是对优惠券或相应活动进行展示，具体的应用步骤如下。

操作步骤

（1）在手机淘宝店铺首页的装修模块区，选择"图文类"中的"多图模块"，并将其拖曳到预览区中，如图 4-64 所示。

图 4-64　拖曳多图模块

（2）在界面右侧弹出的"多图模块"编辑区，移动鼠标到"图片"上的"+"按钮时，系统会弹出"本地上传"按钮，如图4-65所示。

图4-65 "多图模块"编辑区

（3）单击"本地上传"按钮后，系统会弹出"选择图片"对话框，在界面左侧单击"掌上店铺"文件夹，在界面右侧选择"多图模式01"图片，如图4-66所示。

图4-66 "选择图片"对话框

（4）单击"确认"按钮后，进入裁剪图片区域，由于此图是符合尺寸要求的，直接单击"保存"按钮，如图4-67所示。

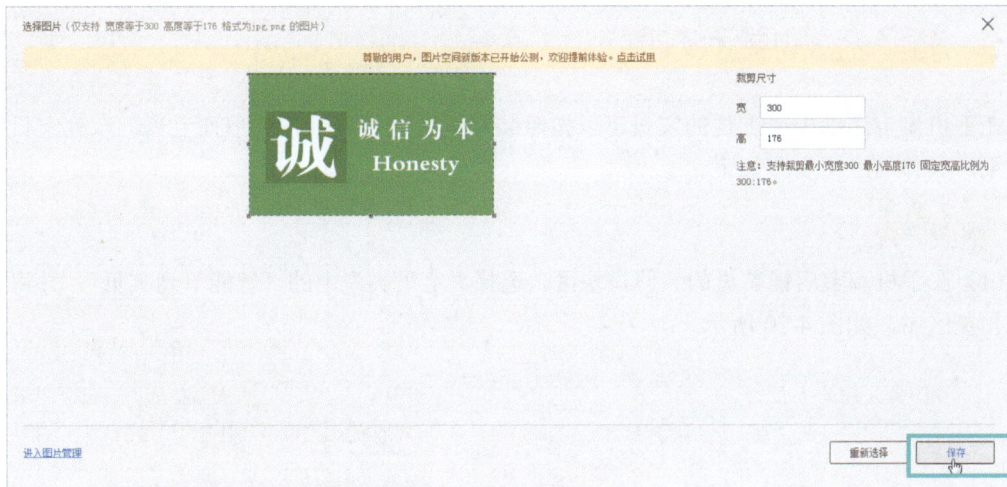

图 4-67 选择多图图片

（5）单击"保存"按钮后，多图图片会显示在图片区，使用同样的方法插入其他多图图片，如图 4-68 所示。

（6）设置完毕后单击"确定"按钮，此时会将多图图片显示在预览区中，效果如图 4-69 所示。

图 4-68 插入其他图片

图 4-69 在预览区插入多图图片

（7）在手机淘宝店铺首页的右上角单击"保存"按钮，将操作进行保存，单击"发布"按钮即可将设置后的效果发布到手机淘宝中。

4.10 插入宝贝展示效果

在手机淘宝店铺中，上传的宝贝可以按照装修设置进行展示，如单列宝贝、双列宝贝等展示效果，具体的应用步骤如下。

操作步骤

（1）在手机淘宝店铺首页的装修模块区，选择"宝贝类"中的"智能单列宝贝"，并将其拖曳到预览区中，如图 4-70 所示。

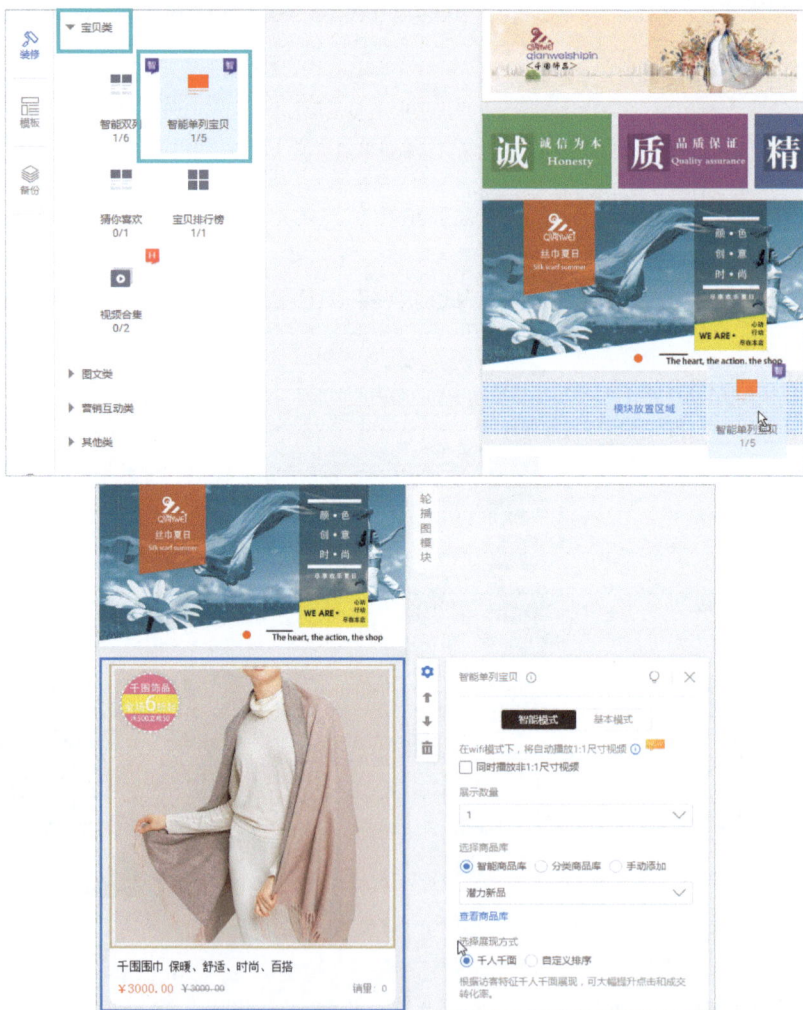

图 4-70　拖曳单列宝贝

（2）在弹出的"智能单列宝贝"编辑区，可以设置"标题""链接"及"推荐类型"等，如果选择"手动添加"，可以在预览区中插入 6 个宝贝，如图 4-71 所示。

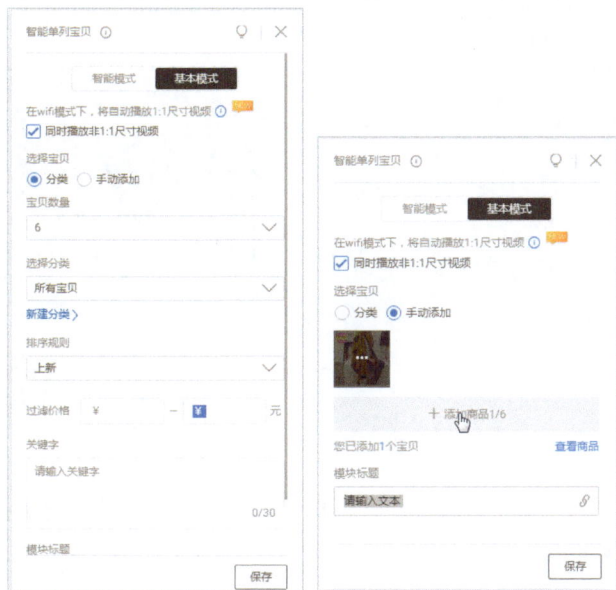

图 4-71　单列宝贝模块

（3）在手机淘宝店铺首页的装修模块区，选择"宝贝类"中的"猜你喜欢"，并将其拖曳到预览区中，系统会自动添加商品，如图 4-72 所示。

图 4-72　猜你喜欢

（4）在手机淘宝店铺首页的装修模块区，选择"宝贝类"中的"智能双列"，并将其拖曳到预览区中，系统会自动添加商品，如图4-73所示。

图4-73　双列图片

（5）在手机淘宝店铺首页的装修模块区，选择"宝贝类"中的"宝贝排行榜"，并将其拖曳到预览区中，效果如图4-74所示。

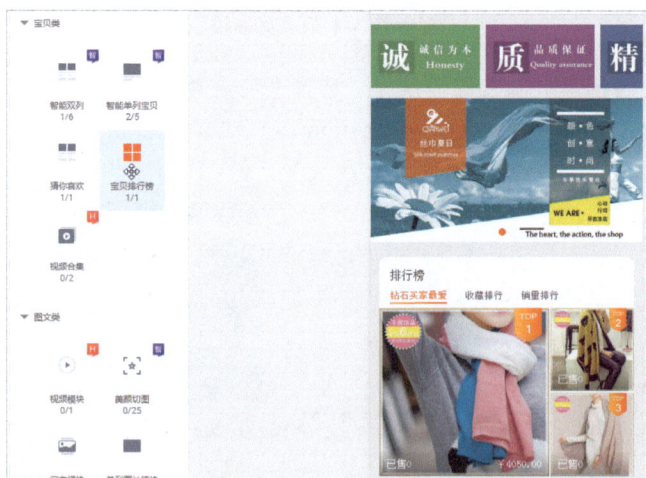

图4-74　拖曳排行榜

4.11　插入文本

在手机淘宝店铺中插入的文本可以作为店铺公告或文字标题，具体的应用步骤如下。

操作步骤

（1）在手机淘宝店铺首页的装修模块区，选择"图文类"中的"文本模块"，并将其拖曳到预览区中，如图 4-75 所示。

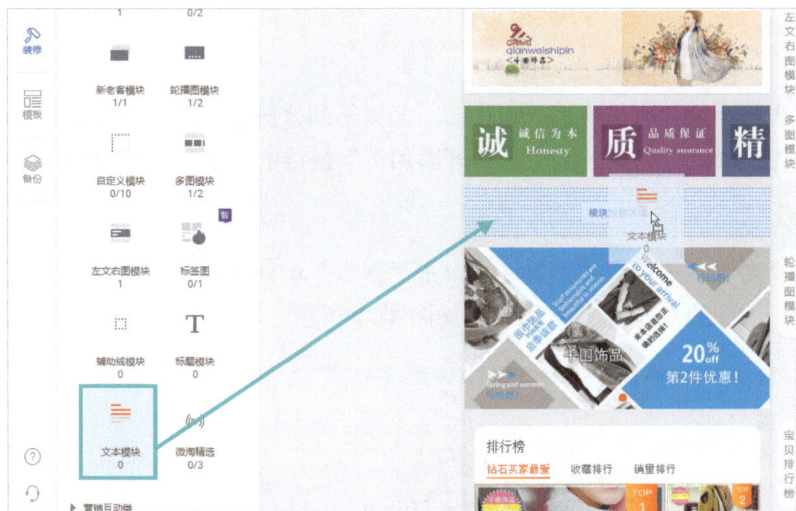

图 4-75　拖曳文本模块

（2）在弹出的"文本模块"编辑区的"文本内容"区域可以输入文字，输入完毕后单击"保存"按钮，即可在预览区中显示输入的文字，如图 4-76 所示。

图 4-76　输入文字

温馨提示

"标题模块"的插入方法与"文本模块"的插入方法一样。

4.12　创建链接

手机淘宝店铺中的各个模块插入完毕后，如果不创建链接，模块只能起到显示的作用。本节就以"单列图片模块"为例，为大家讲解添加页面链接的方法，具体的应用步骤如下。

操作步骤

（1）在手机淘宝店铺首页的预览区，单击"围巾"单列图片，在弹出的"单列图片模块"中单击"链接"后面的 🔗（链接）图标，如图4-77所示。

图4-77　单击单列图片

（2）单击 🔗（链接）图标后，系统会弹出"链接小工具"对话框，选择"宝贝链接"选项列，并选择与之对应的商品，如图4-78所示。

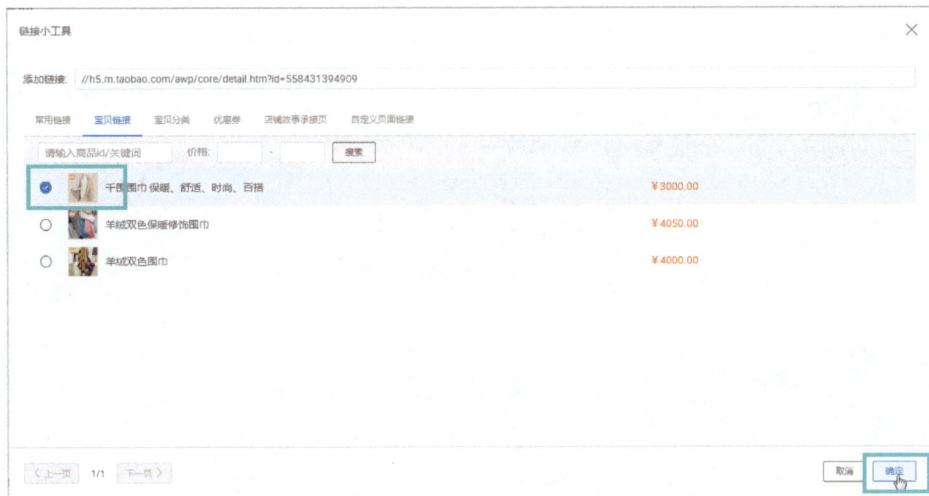

图 4-78　"链接小工具"对话框

（3）单击"确定"按钮，在"单列图片模块"编辑区会出现链接地址，单击"保存"按钮，如图 4-79 所示。

（4）在手机淘宝店铺首页的右上角单击"保存"按钮，将操作进行保存，单击"发布"按钮即可将设置后的效果发布到手机淘宝中，单击二维码图标即弹出本页面的二维码，如图 4-80 所示。

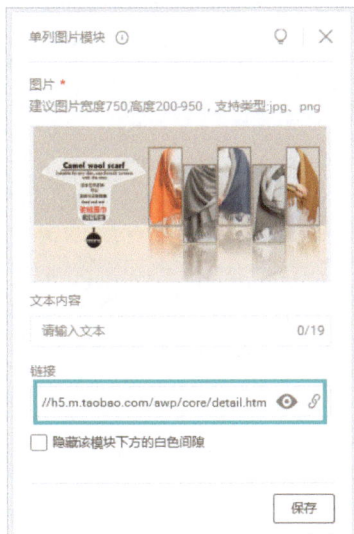

图 4-79　链接地址

图 4-80　发布成功

（5）使用手机淘宝的扫描功能扫描二维码即可进入店铺，如图 4-81 所示。

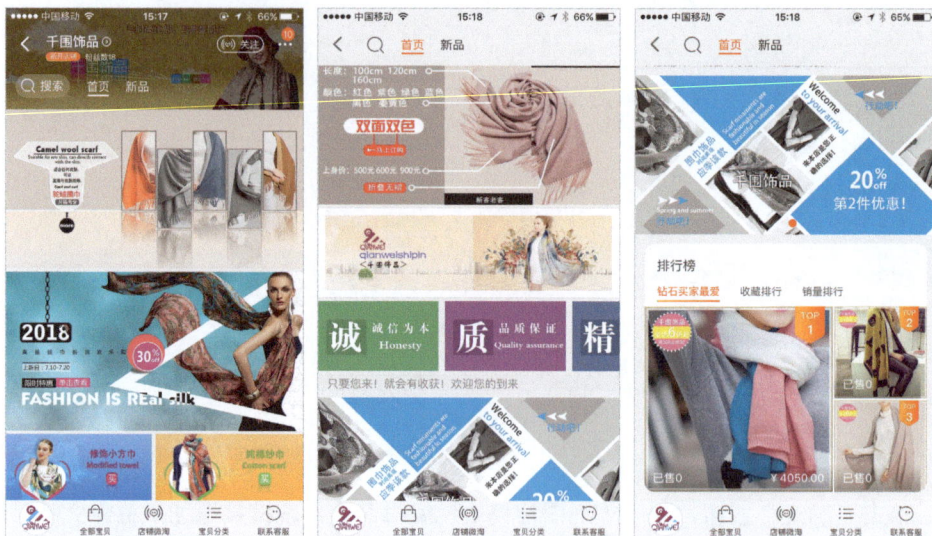

图 4-81　扫描二维码进入手机店铺

（6）单击创建链接的首屏广告，自动跳转到链接页面，如图 4-82 所示。

图 4-82　链接页面

第 5 章

布局掌上店铺自定义页面

本章重点：

✦ 进入手机淘宝装修自定义页面
✦ 应用活动头图片
✦ 插入展示宝贝模块
✦ 插入图文类模块
✦ 编辑链接

　　本章主要为大家介绍如何将之前设计制作的各个元素应用到手机淘宝店铺中的自定义页面，使手机淘宝店铺能够在移动端设备中正常运营。自定义页面可以对细分的商品起到补充展示的作用，详细展示某类商品的多个效果。

5.1　进入手机淘宝装修自定义页面

　　制作完手机淘宝中的各个元素之后，可以将其应用到手机淘宝首页中，还可以将其应用到自定义页面中，本节就为大家讲解应用到自定义页面的方法，具体的操作步骤如下。

操作步骤

　　（1）登录淘宝后，进入到手机淘宝装修界面中，先执行"自定义页/自定义页"命令，再单击"新建页面"按钮，如图 5-1 所示。

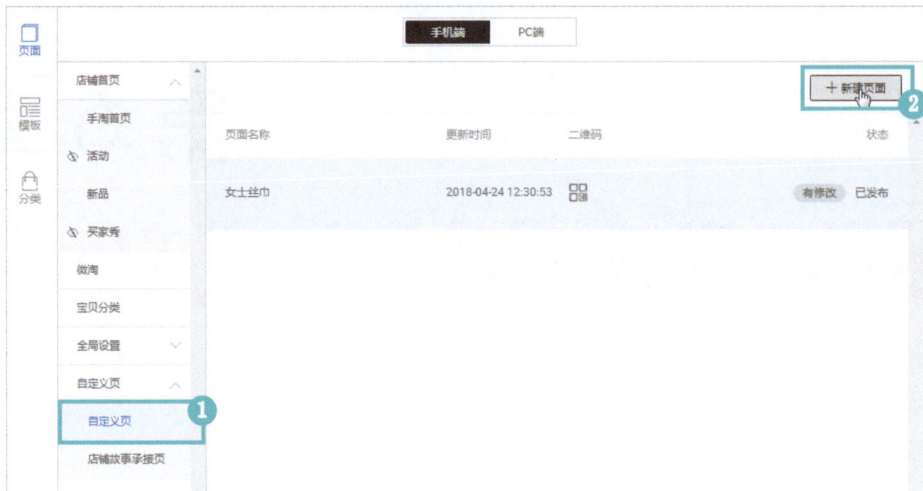

图 5-1　执行命令

（2）单击"新建页面"按钮后，系统会弹出"新建页面"对话框，在"页面名称"文本框中输入该页面的名称，如图 5-2 所示。

图 5-2　设置自定义页面名称

（3）输入名称后单击"确定"按钮，在"自定义页"中会出现"女士围巾"选项，如图 5-3 所示。

（4）将鼠标指针移到"女士围巾"选项上，系统会弹出"装修页面"按钮，单击此按钮即进入自定义的"女士围巾"编辑页面中，如图 5-4 所示。

图 5-3　页面管理

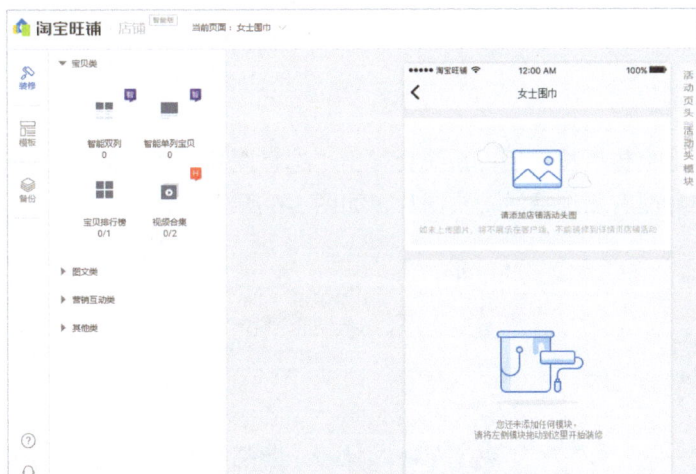

图 5-4　自定义页面

5.2　应用活动头图片

在手机淘宝店铺中，自定义页面的活动头图片可以显示当前页面的具体内容，要求按 640 像素×304 像素进行设计，具体的应用操作步骤如下。

操作步骤

（1）在"女士围巾"页面的预览区单击活动头图片区域，弹出"活动头模块"编辑区，移动鼠标指针到"活动头图片"区域的"添加图片"按钮上，此时按钮变为"本地上传"按钮，如图 5-5 所示。

图 5-5　单击图片

（2）单击"本地上传"按钮后，系统会弹出"选择图片"对话框，在界面左侧单击"掌上店铺"文件夹，在界面右侧选择活动头图片，如图 5-6 所示。

图 5-6　选择活动头图片

（3）选择活动头图片后单击"确认"按钮进入裁剪图片区域，由于此图是符合尺寸要求的，直接单击"保存"按钮，如图 5-7 所示。

图 5-7　裁剪图片区域

（4）单击"保存"按钮后，系统会返回"女士围巾"页面中，在编辑区的"活动头内容"区域输入相应的文字，如图 5-8 所示。

（5）设置完毕后单击"保存"按钮，就可以在预览区看到应用后的活动头图片及活动头内容，如图 5-9 所示。

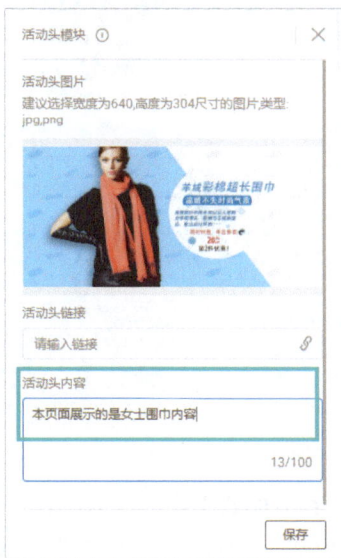

图 5-8　设置活动头内容

图 5-9　应用后的活动头

（6）在"女士围巾"页面右侧单击"保存"按钮，将应用的活动头进行保存，单击"发布"按钮即可将设置后的效果发布到手机淘宝中。

5.3 插入展示宝贝模块

开设手机淘宝店铺的目的就是创造利益，以及与 PC 端淘宝店铺相互照应。若想店铺产生收益，就得有商品，本节就为大家讲解在"自定义页面"展示宝贝的方法。

5.3.1 插入智能单列宝贝模块

在手机淘宝店铺中，单列宝贝模块通过大图的方式展示宝贝效果，在自定义页面中如果不插入宝贝图片，就不会在页面中显示宝贝，具体的插入方法如下。

操作步骤

（1）在"女士围巾"页面的装修模块区，选择"宝贝类"中的"智能单列宝贝"模块，并将其拖曳到预览区中，如图 5-10 所示。

图 5-10 拖曳"单列宝贝"模块

（2）在弹出的"智能单列宝贝"编辑区，可以选择"智能模式"或"基本模式"，也可以设置"标题""链接"及"推荐类型"等，如果选择"基本模式"中的"手动添加"模式，在预览区中最多可以插入 6 个宝贝，如图 5-11 所示。

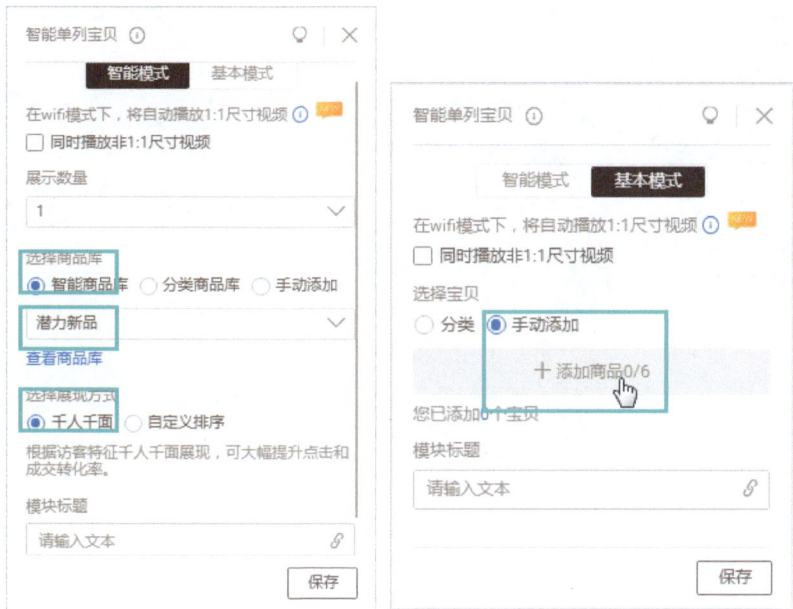

图 5-11　"智能单列宝贝"编辑区

温馨提示

在"智能模式"下选择"手动添加"模式时，可以添加 30 个展示商品。

（3）在"女士围巾"页面的右上角单击"保存"按钮，将当前的页面进行保存，单击"发布"按钮即可将设置后的效果发布到手机淘宝中。

5.3.2　插入智能双列宝贝模块

双列宝贝模块可以并排显示两个宝贝，具体的操作方法如下。

操作步骤

（1）在"女士围巾"页面的装修模块区，选择"宝贝类"中的"智能双列"模块，并将其拖曳到预览区中，如图 5-12 所示。

（2）在弹出的"智能双列"编辑区，可以选择"智能模式"或"基本模式"，也可以设置"标题""链接"及"推荐类型"等，如果选择"基本模式"中的"手动添加"模式，在预览区中最多可以插入 6 个宝贝，如图 5-13 所示。

图 5-12　拖曳"智能双列"模块

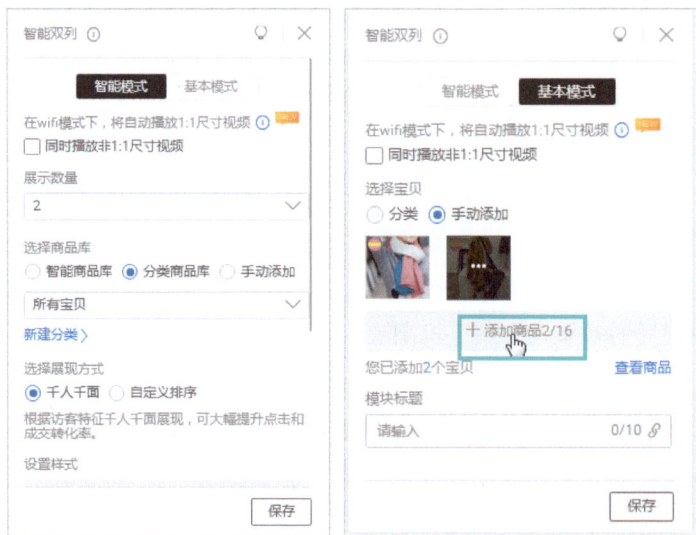

图 5-13　"智能双列"编辑区

（3）设置完毕后单击"确认"按钮，在预览区可以显示设定的双列宝贝数量，如图 5-14 所示。

（4）在"女士围巾"页面的右侧单击"保存"按钮，将当前页面进行保存，单击"发布"按钮即可将设置后的效果发布到手机淘宝中。

图 5-14　双列宝贝模块

5.3.3　插入宝贝排行榜模块

该模块在装修时只能被插入一次，在排行榜中可以看到三个宝贝内容。具体操作如下。

操作步骤

（1）在"女士围巾"页面的装修模块区，选择"宝贝类"中的"宝贝排行榜"模块，并将其拖曳到预览区中，此时会出现一个排行榜，如图 5-15 所示。

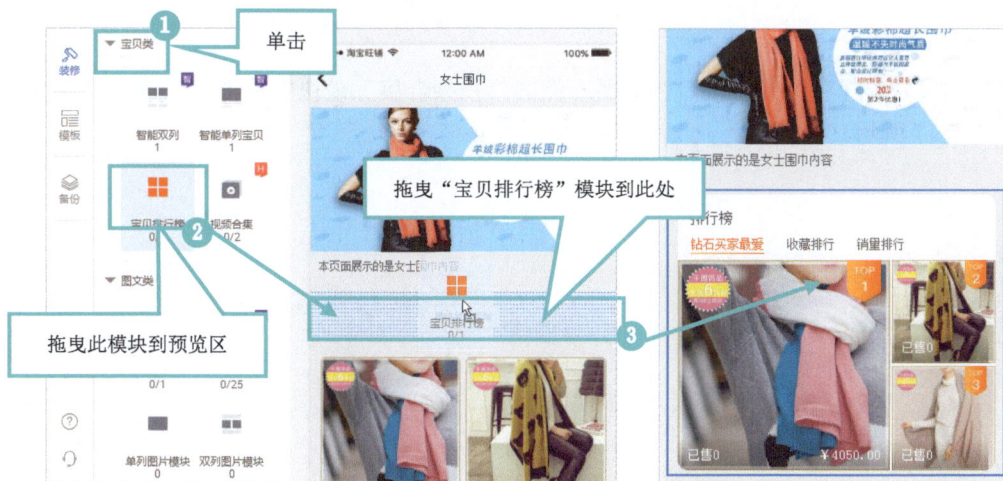

图 5-15　拖曳"宝贝排行榜"模块

（2）在编辑区设置完毕后单击"确认"按钮，在"女士围巾"页面的右侧单击"保存"按钮，将当前页面进行保存，单击"发布"按钮即可将设置后的效果发布到手机淘宝中。

5.3.4　插入视频合集模块

在手机淘宝店铺中，该模块最多用两次。视频合集模块可以在一个区域内显示三个视频。具体操作如下。

（1）在"女士围巾"页面的装修模块区，选择"宝贝类"中的"视频合集"模块，并将其拖曳到预览区中，如图 5-16 所示。

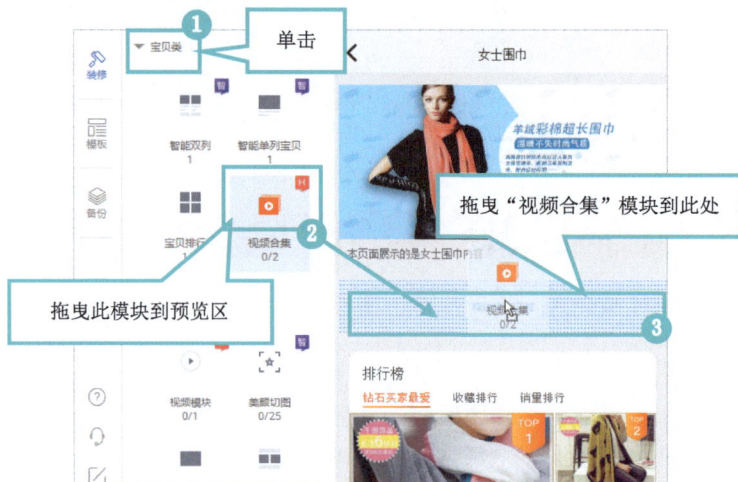

图 5-16　拖曳"视频合集"模块

（2）如果之前保存过此模块，在界面右侧的"视频合集"模块中单击"修改宝贝视频"按钮，如图 5-17 所示。

图 5-17　单击"修改宝贝视频"按钮

（3）打开"商品选择器"对话框，在其中选择视频宝贝，如图 5-18 所示。

图 5-18　选择视频宝贝

（4）选择视频宝贝后，再选择一个官方推荐样式，单击"确定"按钮即可完成应用，如图 5-19 所示。

图 5-19　应用视频合集

温馨提示　　在"商品选择器"对话框中的宝贝 ID 可以在"出售中的宝贝"中选择，如图 5-20 所示，前提是一定要将视频与出售中的宝贝进行关联。

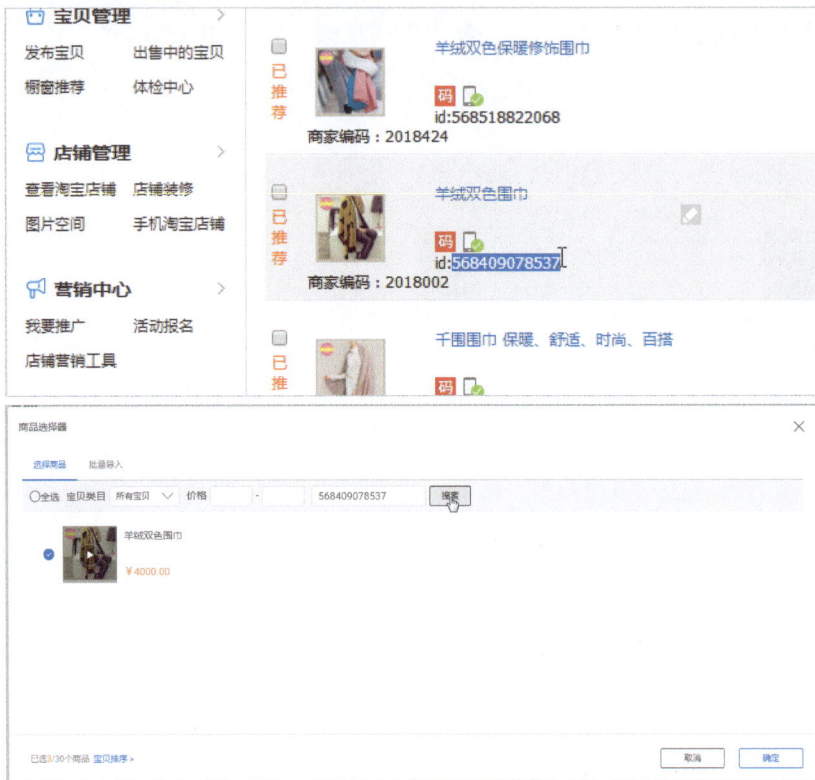

图 5-20　选择 ID

5.4　插入图文类模块

自定义页面不仅可以用来显示商品宝贝，还可以插入之前设计制作好的装修模块，以吸引买家的目光，本节就为大家讲解在自定义页面插入图文类模块的方法。

5.4.1　插入辅助线模块

在手机淘宝店铺中，辅助线模块主要起到隔断作用，只要在"女士围巾"页面的装修模块区选择"图文类"中的"辅助线模块"，并将其拖曳到预览区中，即可完成插入，如图 5-21所示。

图 5-21　插入辅助线模块

5.4.2　插入单列图片模块

在自定义页面中的单列图片模块，图片按 608 像素×（200～960）像素进行设计，主要作用是吸引买家的目光，增加店铺流量，具体的应用步骤如下。

操作步骤

（1）在"女士围巾"页面的装修模块区，选择"图文类"中的"单列图片模块"，并将其拖曳到预览区中，如图 5-22 所示。

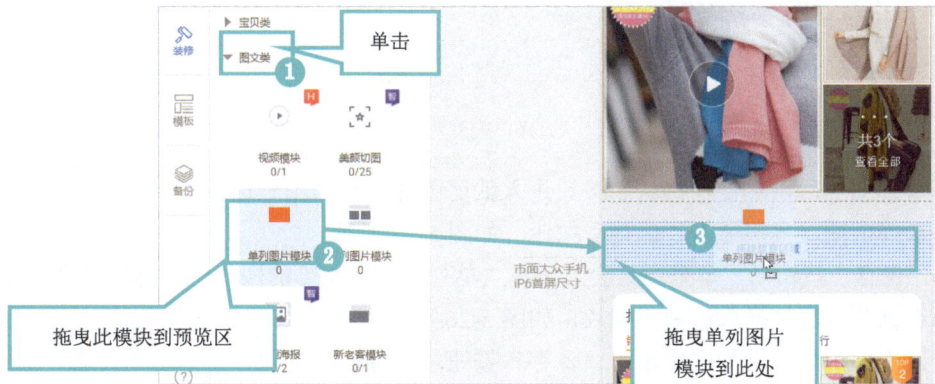

图 5-22　拖曳单列图片模块

（2）在界面右侧弹出的"单列图片模块"编辑区，单击"图片"下面的"本地上传"按钮，如图 5-23 所示。

图 5-23　"单列图片模块"编辑区

（3）单击"本地上传"按钮后，系统会弹出"选择图片"对话框，在界面左侧单击"掌上店铺"文件夹，在界面右侧选择单列图片，如图 5-24 所示。

图 5-24　选择单列图片

（4）选择单列图片后，单击"确认"按钮进入裁剪图片区域，由于选择的图片是符合尺寸要求的，所以选择全图，直接单击"保存"按钮，如图 5-25 所示。

（5）单击"保存"按钮后，单列图片会显示在"单列图片模块"的图片区，再单击"保存"按钮，就可以在预览区看到插入的单列图片，如图 5-26 所示。

（6）在"女士围巾"页面的右侧单击"保存"按钮，将操作进行保存，单击"发布"按钮即可将设置后的效果发布到手机淘宝中。

图 5-25　裁剪图片

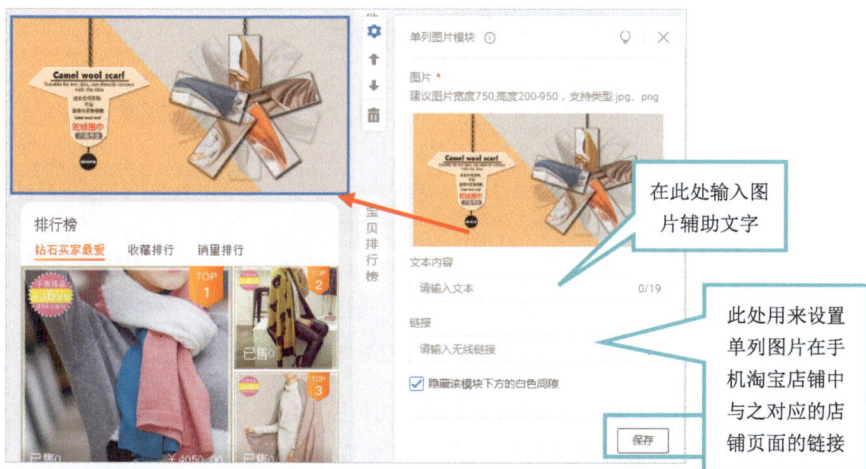

图 5-26　插入图片

5.4.3　插入双列图片模块

在自定义页面中的双列图片模块，图片要求按 370 像素×200 像素进行设计，主要作用是细化店铺的商品，具体的应用步骤如下。

操作步骤

（1）在"女士围巾"页面的装修模块区，选择"图文类"中的"双列图片模块"，并将其拖曳到预览区中，如图 5-27 所示。

（2）在弹出的"双列图片模块"编辑区，单击第一张图片上的"本地上传"按钮，如图 5-28 所示。

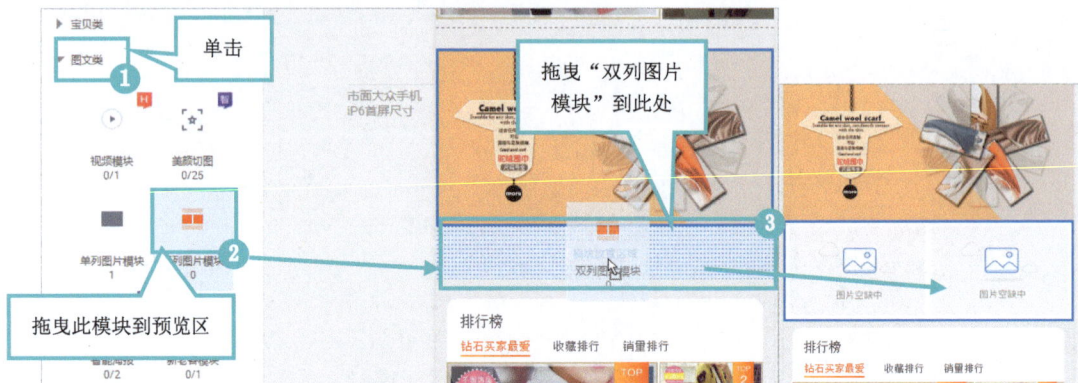

图 5-27　拖曳双列图片模块

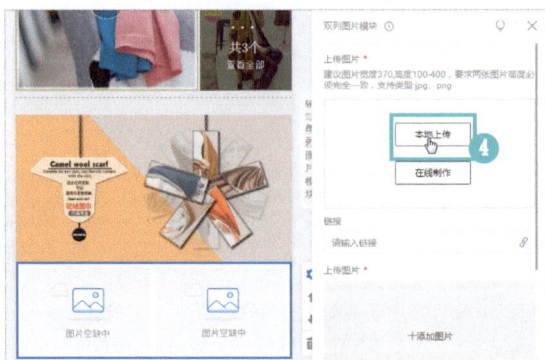

图 5-28　"双列图片模块"编辑区

（3）单击"本地上传"按钮后，系统会弹出"选择图片"对话框，在界面左侧单击"掌上店铺"文件夹，在界面右侧选择双列图片，如图 5-29 所示。

图 5-29　选择双列图片

（4）单击"确认"按钮后进入裁剪图片区域，由于选择的图片是符合尺寸要求的，直接单击"保存"按钮，如图 5-30 所示。

图 5-30　裁剪图片

（5）单击"保存"按钮后，双列图片会显示在"双列图片模块"的图片区。单击第二张图片上的"本地上传"按钮，选择另一张双列图片，具体上传方法与前一张一样，如图 5-31 所示。

图 5-31　插入图片

（6）设置完毕后单击"保存"按钮，此时双列图片将显示在预览区中，效果如图 5-32 所示。

图 5-32　插入双列图片

（7）在"女士围巾"页面的右侧单击"保存"按钮，将操作进行保存，单击"发布"按钮即可将设置后的效果发布到手机淘宝中。

5.4.4　插入轮播图模块

在自定义页面的轮播图模块，图片要求按 750 像素×400 像素进行设计，主要作用是进一步吸引买家的目光，具体的应用步骤如下。

操作步骤

（1）在"女士围巾"页面的装修模块区，选择"图文类"中的"轮播图模块"，并将其拖曳到预览区中，如图 5-33 所示。

图 5-33　拖曳轮播图模块

（2）在界面右侧弹出"轮播图模块"编辑区，单击"本地上传"按钮，如图 5-34 所示。

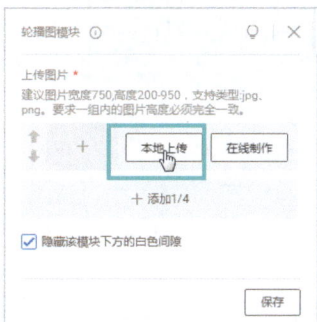

图 5-34　"轮播图模块"编辑区

（3）单击"本地上传"按钮后，系统会弹出"选择图片"对话框，在界面左侧单击"掌上店铺"文件夹，在界面右侧选择轮播图图片，如图 5-35 所示。

图 5-35　选择轮播图图片

（4）单击"确认"按钮进入裁剪图片区域，由于选择的图片是符合尺寸要求的，直接单击"保存"按钮，如图 5-36 所示。

（5）单击"保存"按钮后，轮播图会显示在轮播图模块的图片区，再单击"添加"按钮，出现一个新的"轮播图图片"区域，如图 5-37 所示。

（6）单击"本地上传"按钮，弹出"选择图片"对话框，在界面左侧单击"掌上店铺"文件夹，在界面右侧选择轮播图图片，上传完毕后单击"确认"按钮，效果如图 5-38 所示。

图 5-36　裁剪图片

图 5-37　插入图片

图 5-38　再次插入图片

　　（7）在"女士围巾"页面的右侧单击"保存"按钮，将操作进行保存，单击"发布"按钮即可将设置后的效果发布到手机淘宝中。

5.4.5　插入左文右图模块

在自定义页面的左文右图模块，图片要求按 608 像素×160 像素进行设计，主要作用是对具体商品进行广告宣传，具体的应用步骤如下。

操作步骤

（1）在"女士围巾"页面的装修模块区，选择"图文类"中的"左文右图模块"，并将其拖曳到预览区中，如图 5-39 所示。

图 5-39　拖曳左文右图模块

（2）在界面右侧弹出的"左文右图模块"编辑区，单击"本地上传"按钮，如图 5-40 所示。

图 5-40　"左文右图模块"编辑区

191

（3）系统会弹出"选择图片"对话框，在界面左侧打开"掌上店铺"文件夹，在界面右侧选择左文右图图片，如图 5-41 所示。

图 5-41　选择左文右图图片

（4）选择左文右图图片后单击"确认"按钮，进入裁剪图片区域，由于选择的图片是符合尺寸要求的，直接单击"保存"按钮，如图 5-42 所示。

图 5-42　裁剪图片

（5）单击"保存"按钮后，左文右图图片会显示在图片区，设置完毕后单击"确认"按钮，会将左文右图显示在预览区中，如图 5-43 所示。

图 5-43　插入图片

（6）在"女士围巾"页面的右侧单击"保存"按钮，将操作进行保存，单击"发布"按钮即可将设置后的效果发布到手机淘宝中。

5.4.6　插入自定义模块

在自定义页面的自定义模块，可以通过在模块中拖曳矩形方框的方法载入图片，将拖曳的方框拼合成一个对象，每个方框中的图像都可以单独创建链接，具体的应用步骤如下。

操作步骤

（1）在"女士围巾"页面的装修模块区，选择"图文类"中的"自定义模块"，并将其拖曳到预览区中，在"自定义模块"区单击"编辑板式"按钮，如图 5-44 所示。

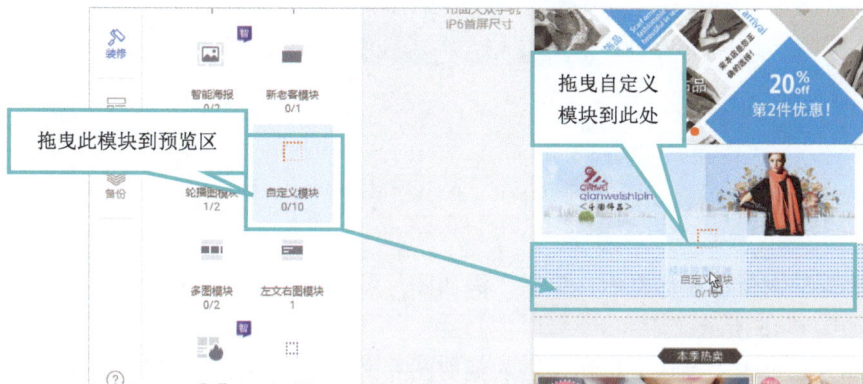

图 5-44　拖曳自定义模块

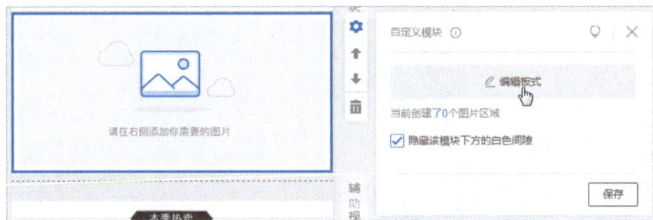

图 5-44　拖曳自定义模块（续）

（2）单击"编辑板式"按钮后，进入"自定义模块编辑器"，在编辑区绘制图片块，如图 5-45 所示。

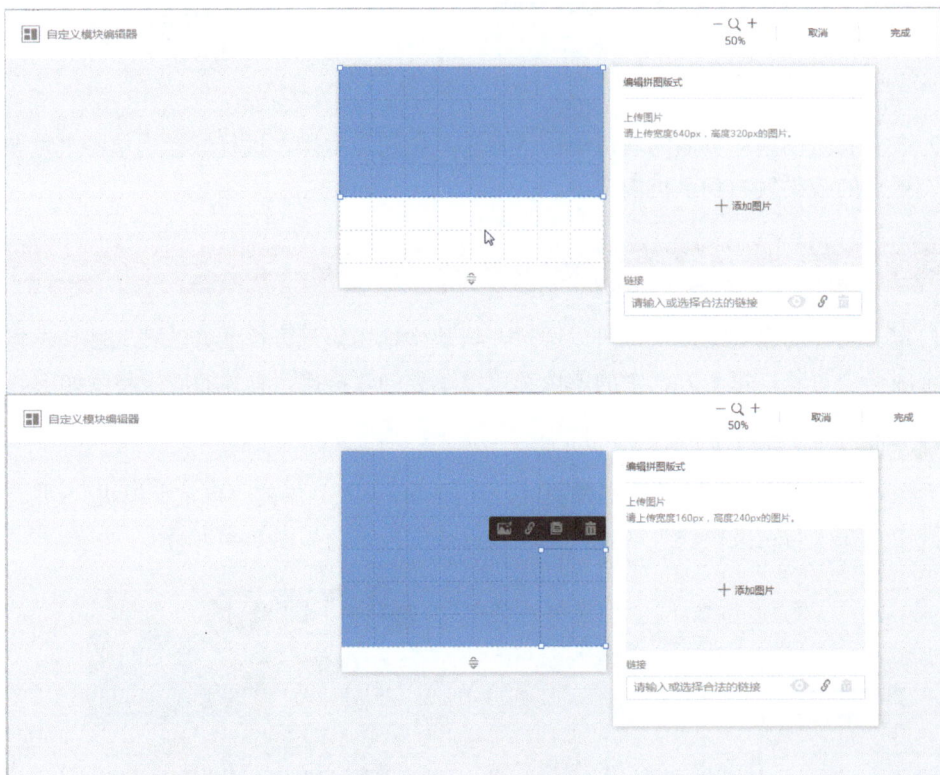

图 5-45　调整矩形框

（3）选择上面的大蓝色矩形框后，单击"添加图片"按钮，打开"选择图片"对话框，选择一张图片，如图 5-46 所示。

（4）选择图片后单击"确认"按钮，进入裁剪图片区域，调整裁剪框后直接单击"保存"按钮，如图 5-47 所示。

图 5-46　选择图片

图 5-47　裁剪图片

（5）单击"保存"按钮后，裁剪框内的内容显示在图片区，选择下面的小蓝框，并单击"添加图片"按钮，如图 5-48 所示。

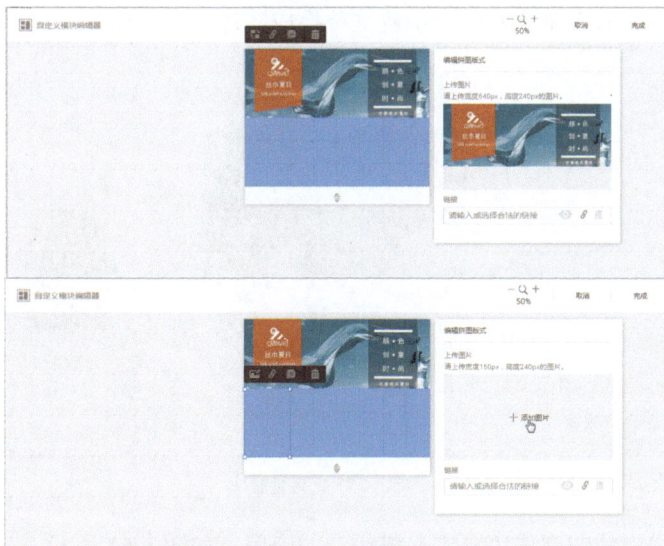

图 5-48　插入图片

（6）系统会弹出"选择图片"对话框，选择一张图片，如图 5-49 所示。

图 5-49　选择图片

（7）使用同样的方法将剩余的三个小蓝框替换成图片，效果如图 5-50 所示。

图 5-50　替换其他图片

（8）单击"完成"按钮完成"自定义模块"的应用，如图 5-51 所示。

图 5-51　自定义内容模块

（9）在"女士围巾"页面的右侧单击"保存"按钮，将操作进行保存，单击"发布"按钮即可将设置后的效果发布到手机淘宝中。

5.4.7　插入美颜切图模块

在美颜切图模块中，可以在插入图片的任何区域设置链接，同一张图片可以设置多个链接地址；还可以先通过"在线制作"选择一个模板，之后只要替换图片和文本再加入链接就可以了。本节以插入一张图片并为其添加多个链接为讲解重点，具体的应用步骤如下。

操作步骤

（1）在"女士围巾"页面的装修模块区，选择"图文类"中的"美颜切图"，并将其拖曳到预览区中，在"美颜切图"区单击"本地上传"按钮，如图 5-52 所示。

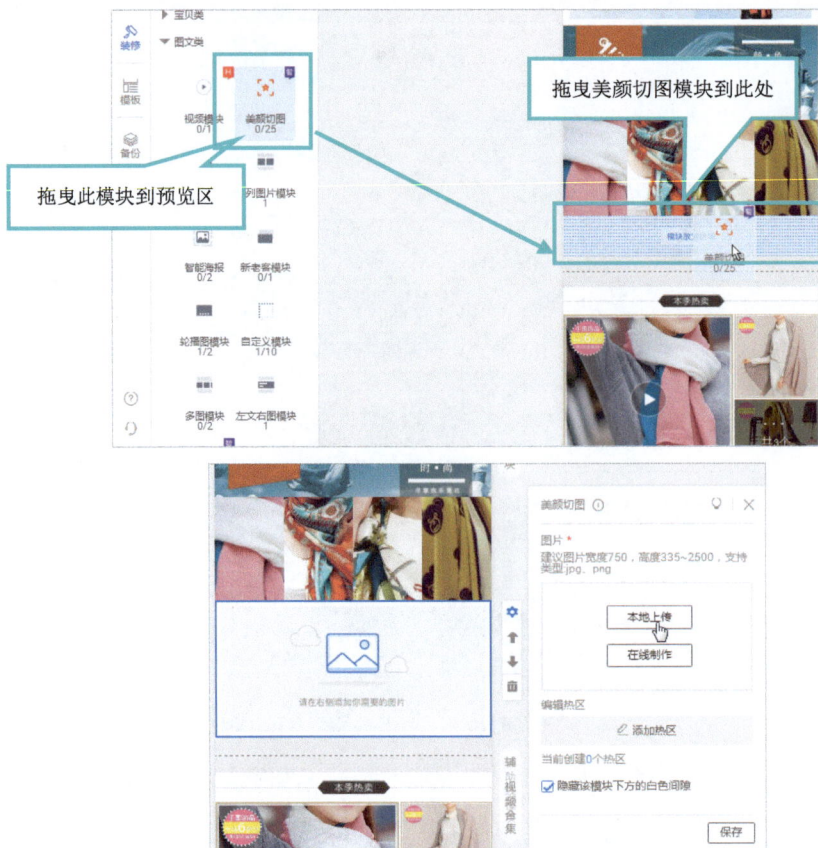

图 5-52　拖曳美颜切图模块

（2）单击"本地上传"按钮后，打开"选择图片"对话框，选择图片，如图 5-53 所示。

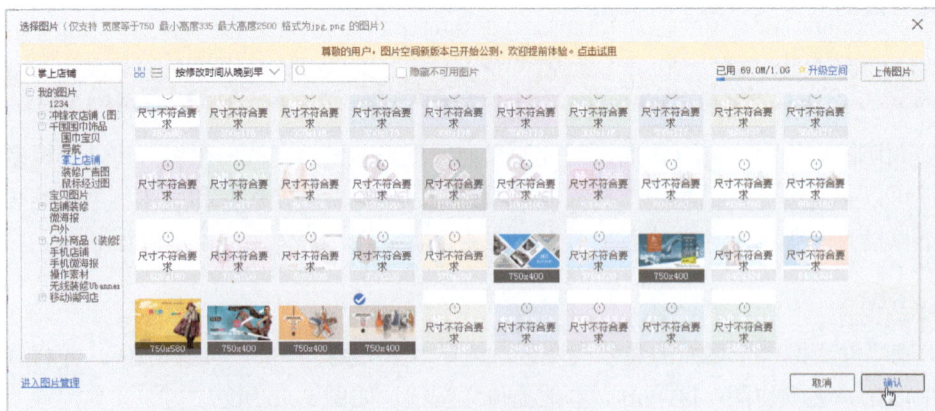

图 5-53　选择图片

（3）单击"确认"按钮，进入裁剪图片区域，调整裁剪框后直接单击"保存"按钮，如图 5-54 所示。

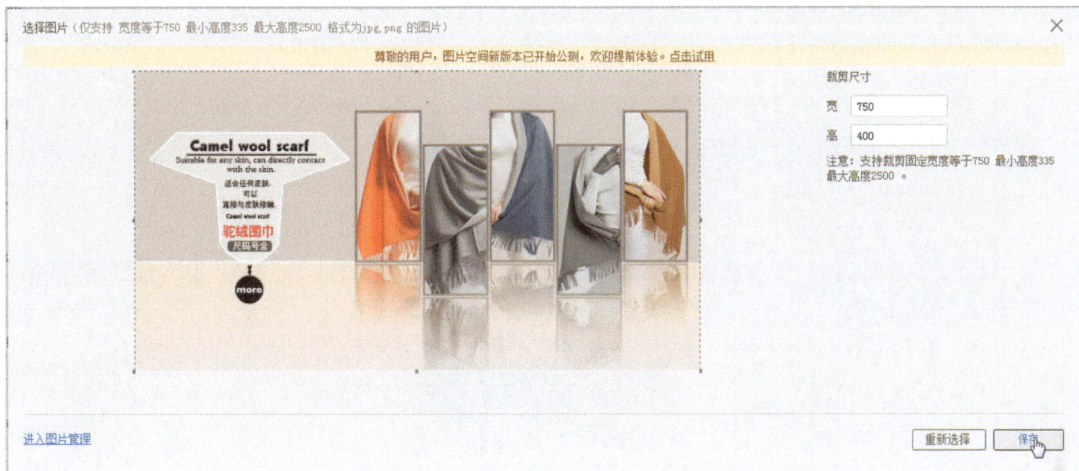

图 5-54　裁剪图片

（4）单击"保存"按钮后，再单击"美颜切图"编辑区中的"添加热区"按钮，如图 5-55 所示。

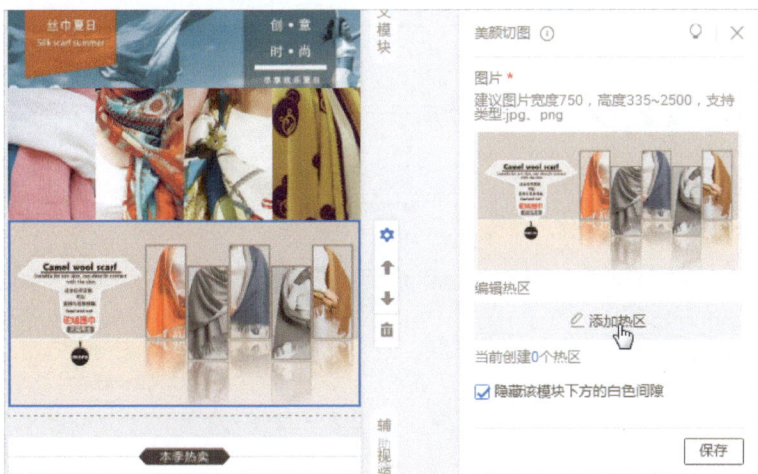

图 5-55　"美颜切图"编辑区

（5）单击"保存"按钮，打开"热区编辑器"对话框，在图像中直接拖动绘制热区，如图 5-56 所示。

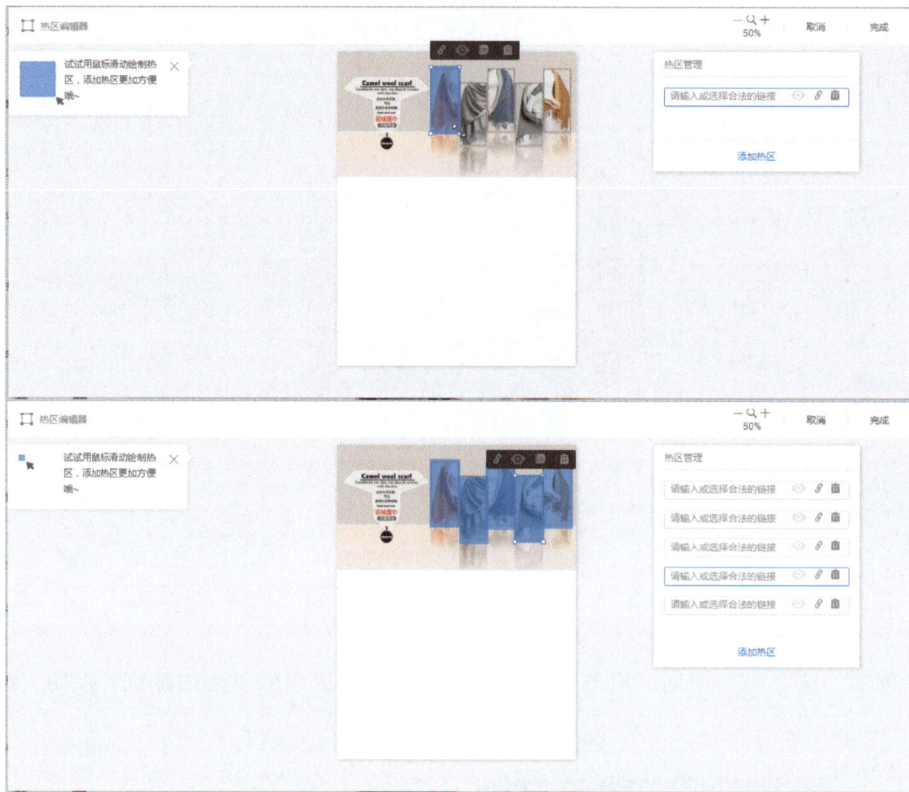

图 5-56　绘制热区

（6）选择热区并设置热区，如图 5-57 所示。

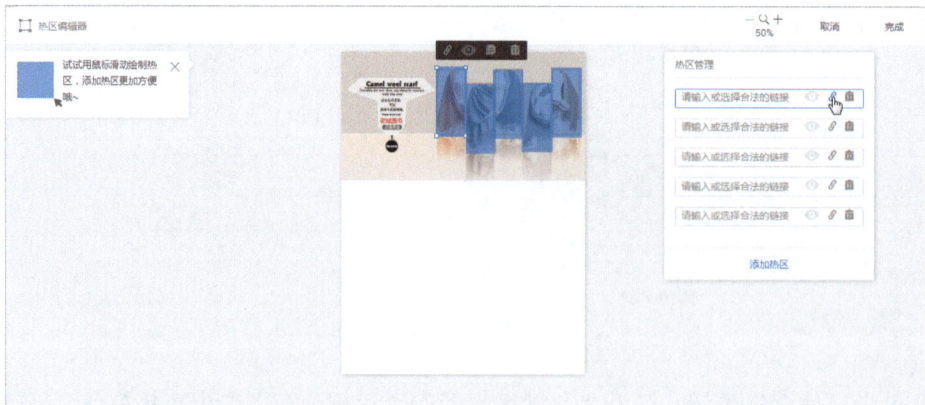

图 5-57　设置热区

（7）单击链接按钮打开"链接小工具"对话框，并选择链接地址，如图 5-58 所示。

图 5-58　设置热区链接

（8）设置完毕后单击"确定"按钮，使用同样的方法为其他热区添加链接，如图 5-59 所示。

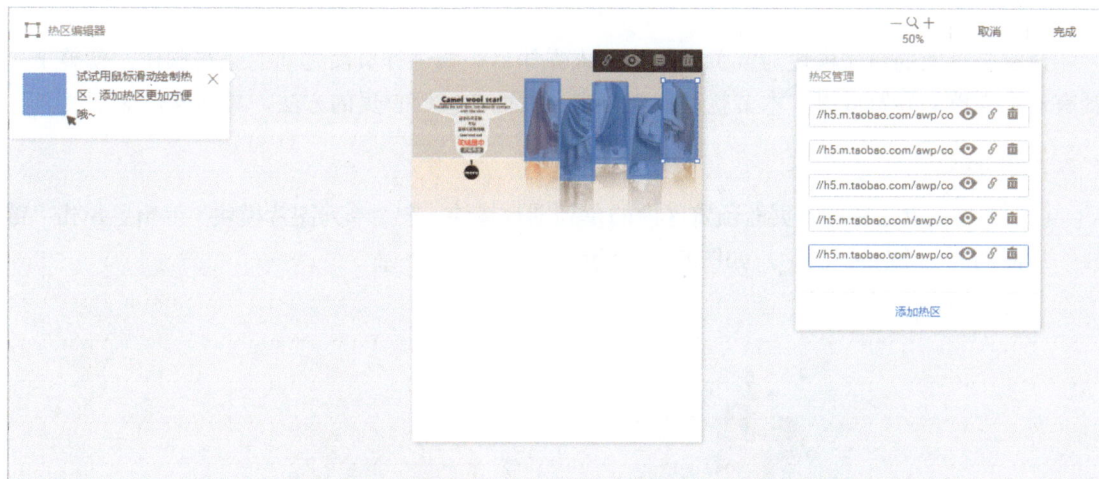

图 5-59　设置其他热区链接

（9）设置完毕后单击"完成"按钮，完成美颜切图的应用，如图 5-60 所示。

图 5-60　美颜切图效果

5.5　编辑链接

　　自定义页面的装修模块与宝贝模块都插入完毕后，要进行页面之间的链接操作，使整个店铺有一个完整的导览效果，本节就讲解把自定义页面链接回首页的方法，具体操作如下。

操作步骤

　　（1）单击"女士围巾"页面预览区内的单列图片模块，在"单列图片模块"编辑区单击"链接"后面的 🔗 （链接）图标，如图 5-61 所示。

图 5-61　单击单列图片模块

（2）单击 🔗（链接）图标后，系统会弹出"链接小工具"对话框，选择"常用链接"选项列，并选择"店铺首页"的选择链接，如图 5-62 所示。

图 5-62　"链接小工具"对话框

（3）选择链接后，在"单列图片模块"编辑区会出现链接地址，如图 5-63 所示。

（4）单击"保存"按钮后，在当前页面单击"保存"按钮可以将操作进行保存，单击"发布"按钮即可将设置后的效果发布到手机淘宝中，如图 5-64 所示。

图 5-63　链接

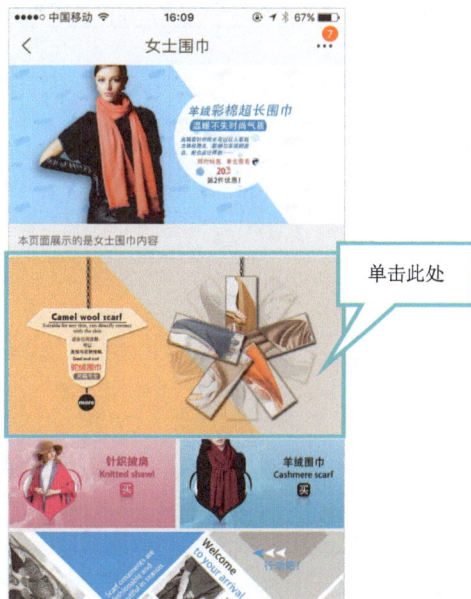

图 5-64　进入手机店铺的效果

（5）单击创建链接的单列图片，自动跳转到链接页面，如图 5-65 所示。

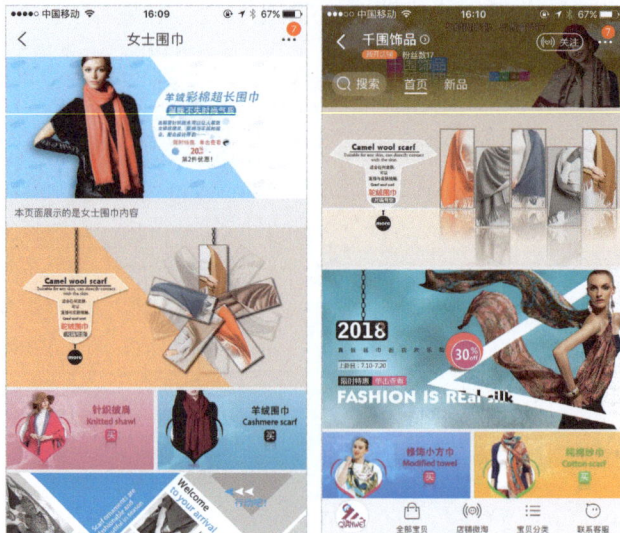

图 5-65　链接页面

温馨提示

　　大家可以根据第 4 章及本章的具体图像知识和链接知识对链接进行细致划分，使整个店铺动起来。

第 6 章

掌上店铺设置分类和活动

本章内容请扫码阅读。

第 7 章
微海报宣传制作

本章重点：

✦ 通过模板快速制作微海报

✦ 创建自定义店铺宣传微海报

本章主要为大家介绍为手机淘宝店铺创建微海报的方法。微海报可以用多页面的海报形式进行宣传营销和推广，使用的平台是手机淘宝。

7.1　通过模板快速制作微海报

通过模板创建的微海报，可以非常方便地将店铺中的宝贝添加到模板中，具体可以分为"选择模板""编辑海报"和"保存发布"三个步骤。

7.1.1　在无线运营中心创建微海报

在无线运营中心，选择"手机海报"提供的模板进行编辑，具体的创建方法如下。

操作步骤

（1）登录淘宝后，进入"无线运营中心"界面，选择"手机海报"命令，如图 7-1 所示。

图 7-1　选择"手机海报"命令

（2）选择"手机海报"命令后，单击"查看更多"按钮，选择一个自己喜欢的模板，如图 7-2 所示。

图 7-2　选择模板

（3）选择模板并单击"使用"按钮，自动进入模板编辑页面，如图 7-3 所示。

图 7-3　模板编辑页面

（4）单击预览区最上方的图片，在编辑区单击"更换图片"按钮，如图 7-4 所示。

图 7-4　选择图片

（5）单击"更换图片"按钮后，系统会弹出"选择图片"对话框，在其中选择需要的图片，如图 7-5 所示。

图 7-5　选择图片

（6）双击图片就可以将其作为新图片载入。使用同样的方法替换其他图片，并在缩略图下单击"更改"按钮，替换缩略图，效果如图 7-6 所示。

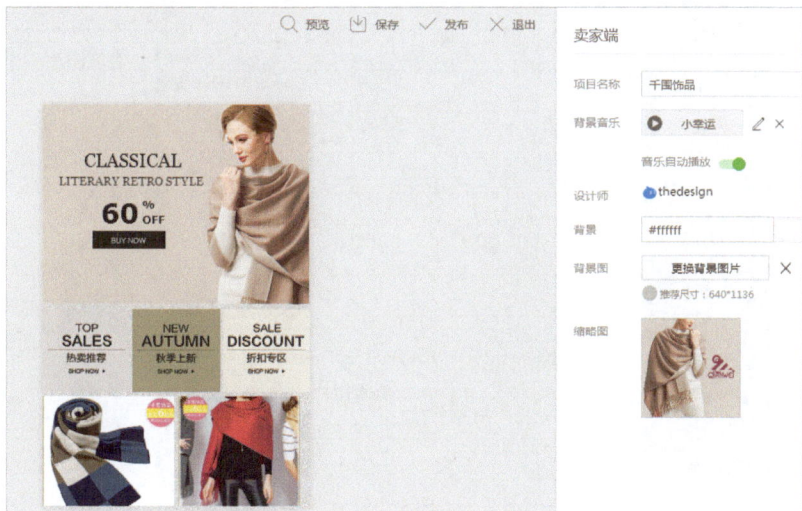

图 7-6　编辑图片

（7）选中预览区中的文字，在编辑区重新输入文字，如图 7-7 所示。

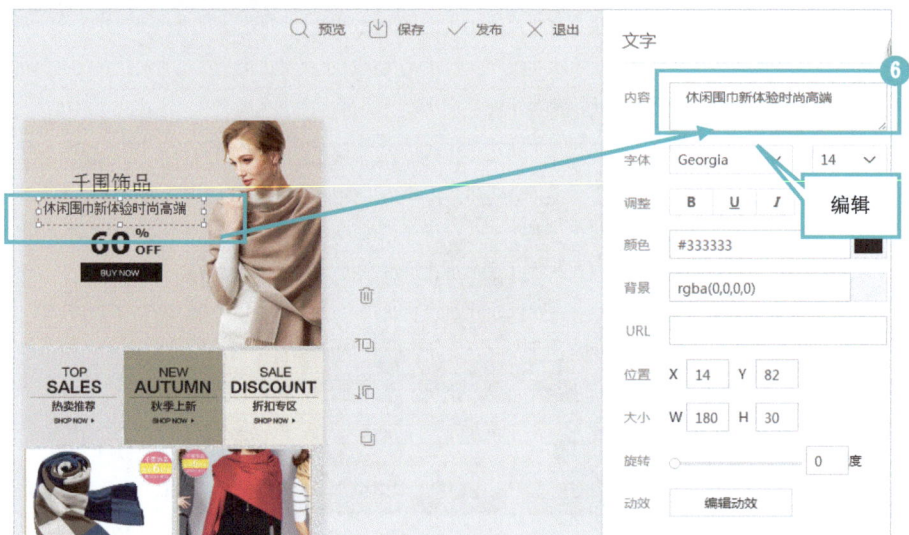

图 7-7　编辑文字

（8）选择第二页的模板，在预览区选择图片和文字，在编辑区重新进行编辑，如图 7-8 所示。

图 7-8　编辑并替换图片

（9）选择其他页面模板，在预览区选择图片和文字，在编辑区重新进行编辑，如图 7-9 所示。

图 7-9　编辑并替换图片

（10）设置完毕，单击"保存"按钮，并单击"发布"按钮，如图 7-10 所示。

图 7-10　保存并发布

（11）使用微信扫描二维码即可进入制作的手机海报页面，如图 7-11 所示。

图 7-11　效果

7.1.2　在淘宝后台创建微海报

在淘宝后台选择多个宝贝后，可以快速地通过模板创建微海报，具体的创建方法如下。

操作步骤

（1）登录淘宝，进入淘宝后台后，在"宝贝管理"中选择"出售中的宝贝"选项，选择界面右侧的宝贝后单击"创建微海报"按钮，如图 7-12 所示。

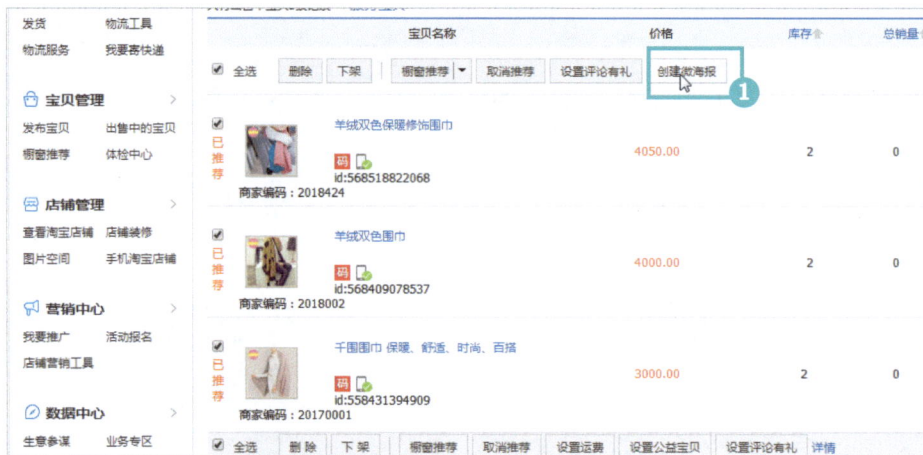

图 7-12　选择手机海报

（2）单击"创建微海报"按钮后，选择一个自己喜欢的模板，如图 7-13 所示。

图 7-13　选择模板

（3）选择模板后，单击"下一步"按钮，弹出如图 7-14 所示的二维码。

图 7-14　模板编辑

（4）使用微信扫描二维码即可看到效果，如图 7-15 所示。

图 7-15　测试效果

（5）单击如图 7-14 所示的二维码下面的"微海报后台"命令，进入模板选择区，选择一个自己比较喜欢的模板，如图 7-16 所示。

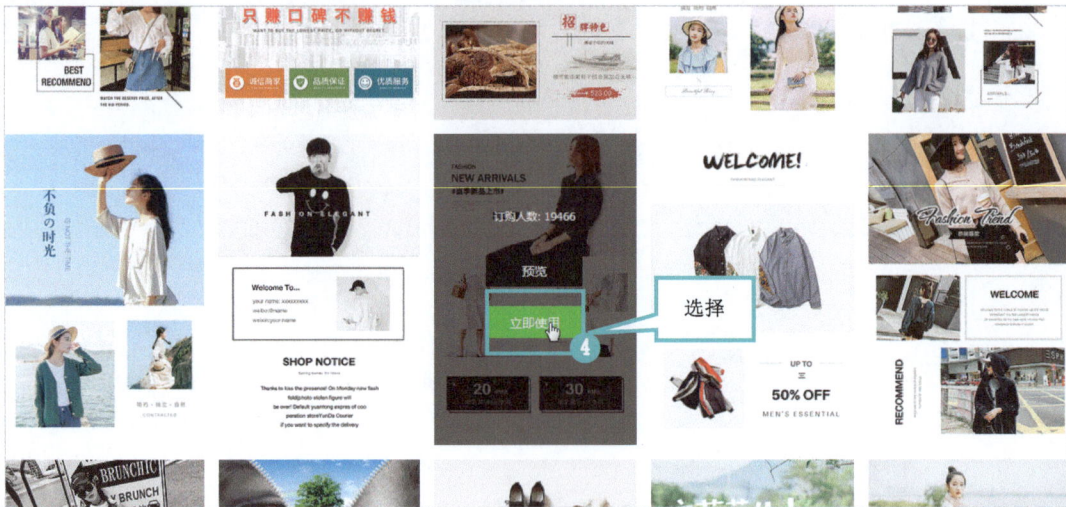

图 7-16 选择模板

（6）选择模板后单击"立即使用"按钮，即可进入微海报的编辑平台，在平台底部单击"去设计器编辑海报"按钮，如图 7-17 所示。

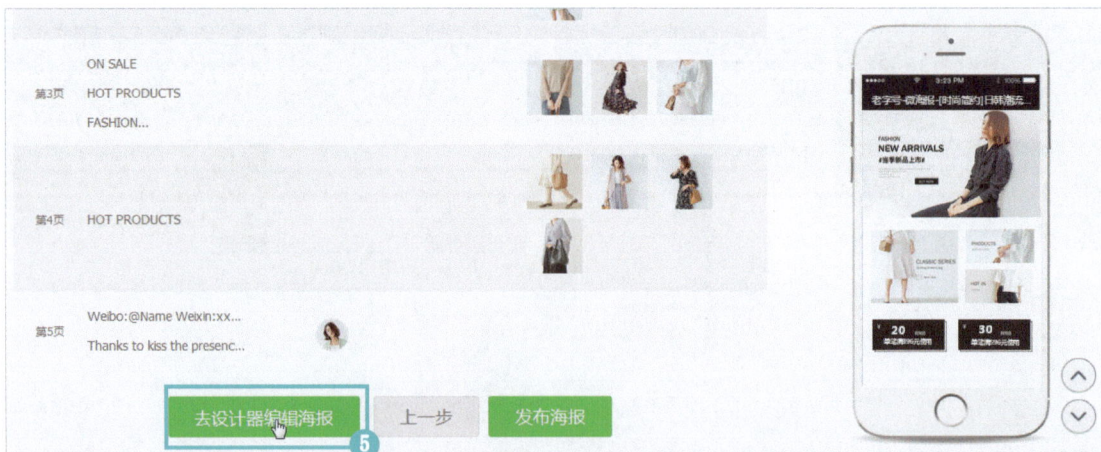

图 7-17 编辑图片

（7）单击"去设计器编辑海报"按钮后，进入编辑平台，在预览区单击轮播图图片，在界面右侧的编辑区单击"上传"按钮，如图 7-18 所示。

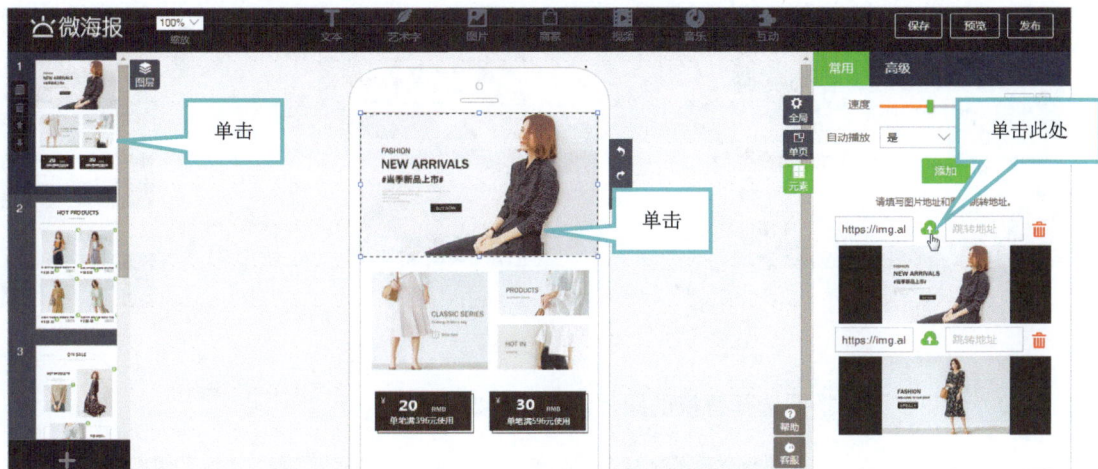

图 7-18　选择图片

（8）单击"上传"按钮后，系统会弹出"图片空间"对话框，在其中选择一张图片，如图 7-19 所示。

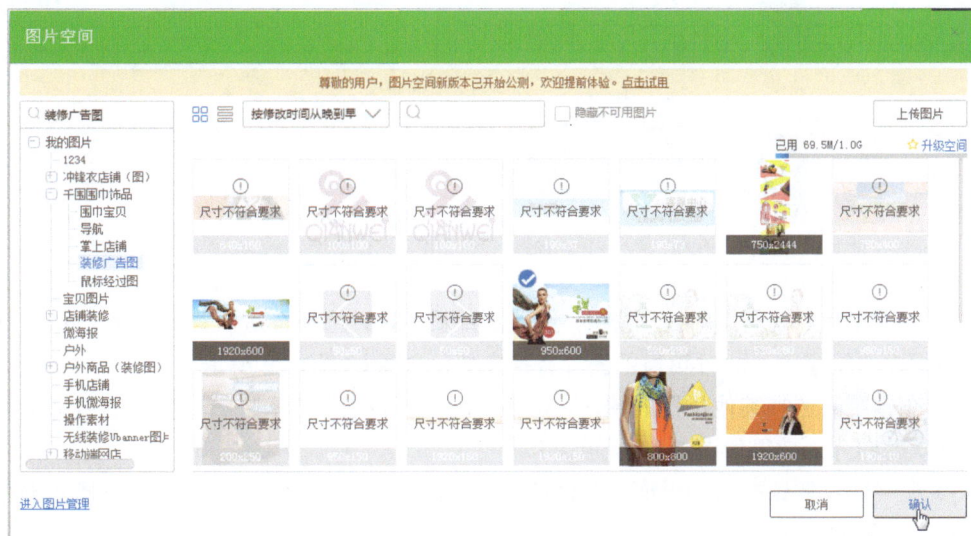

图 7-19　选择图片

（9）选择图片后单击"确认"按钮，进入图片裁剪区，选择合适位置后单击"保存"按钮，替换微海报中的轮播图，如图 7-20 所示。

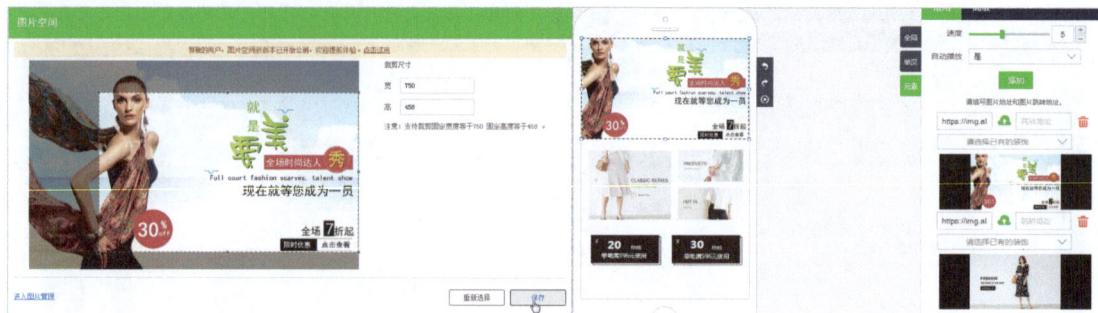

图 7-20　替换图片

（10）为第二张轮播图选择替换的图片，如图 7-21 所示。

图 7-21　选择图片

（11）选择图片后单击"确认"按钮，进入图片裁剪区，选择合适位置后单击"保存"按钮，替换微海报中的轮播图，此时轮播图图片替换完毕，效果如图 7-22 所示。

（12）在预览区选择其他位置的图片，在编辑区进行替换，依次把第一页中的所有图片都换成自己喜欢的图片，效果如图 7-23 所示。

（13）在界面左侧选择其他页面，在预览区选择图片后在编辑区进行替换，选择文本并重新输入文本，效果如图 7-24 所示。

图 7-22　效果

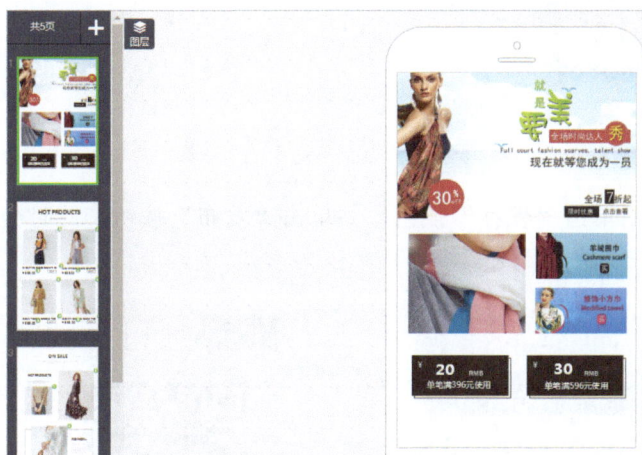

图 7-23　替换图片

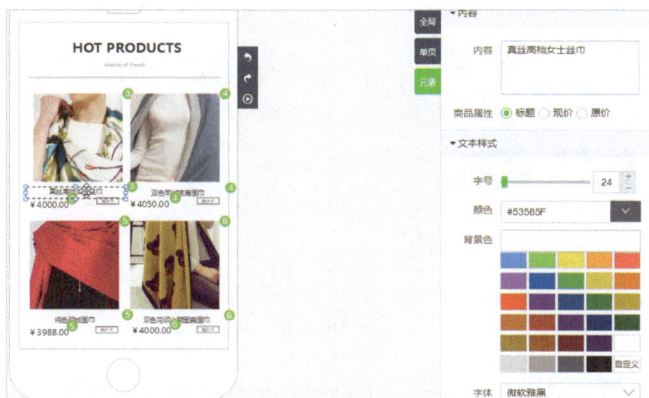

图 7-24　替换图片和文本

（14）将其他页面中的文本和图片都进行替换，效果如图 7-25 所示。

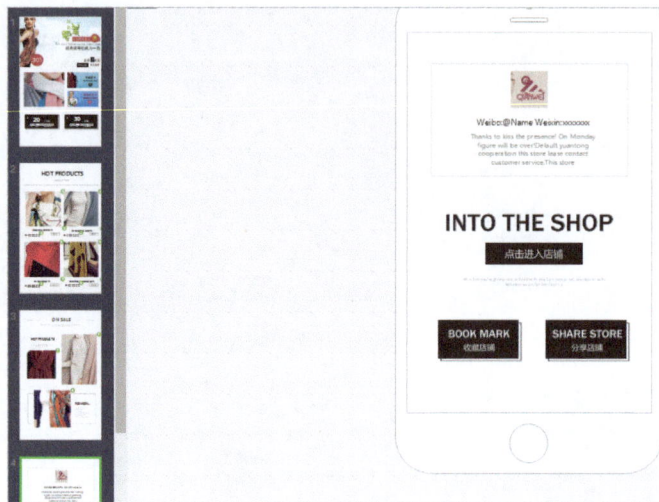

图 7-25　替换其他页面中的文本和图片

（15）设置完毕后单击"保存"按钮，并单击"发布"按钮，此时会出现预览效果，如图 7-26 所示。

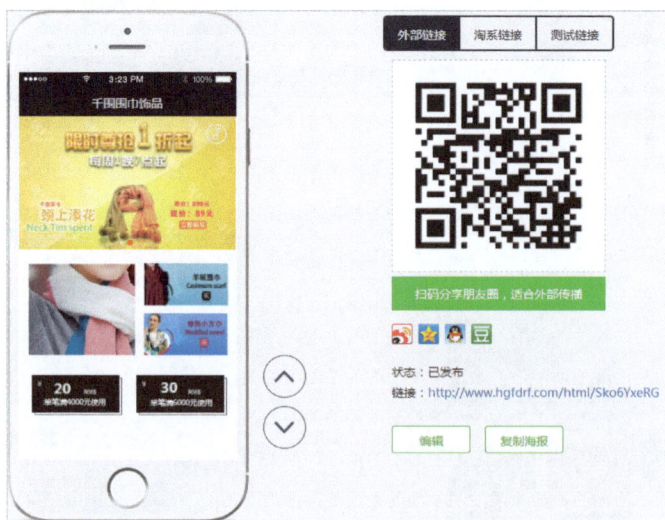

图 7-26　预览

（16）通过微信扫描二维码，就可以在手机中显示制作微海报的效果，如图 7-27 所示。

图 7-27　最终效果

温馨提示

除了在"设计器平台"进行编辑，还可以直接在选择的模板中替换图片和更改位置，此方法更加简单，如图 7-28 所示。

图 7-28　在模板中编辑

7.2　创建自定义店铺宣传微海报

除了使用模板快速制作微海报，还可以创建空白微海报页面，将自己的创意添加到微海报中，具体的创建步骤如下。

操作步骤

（1）使用 Photoshop 软件粗略地制作一个模板框，并将每个图像存储为 png 格式，以不显示图像的背景，如图 7-29 所示。

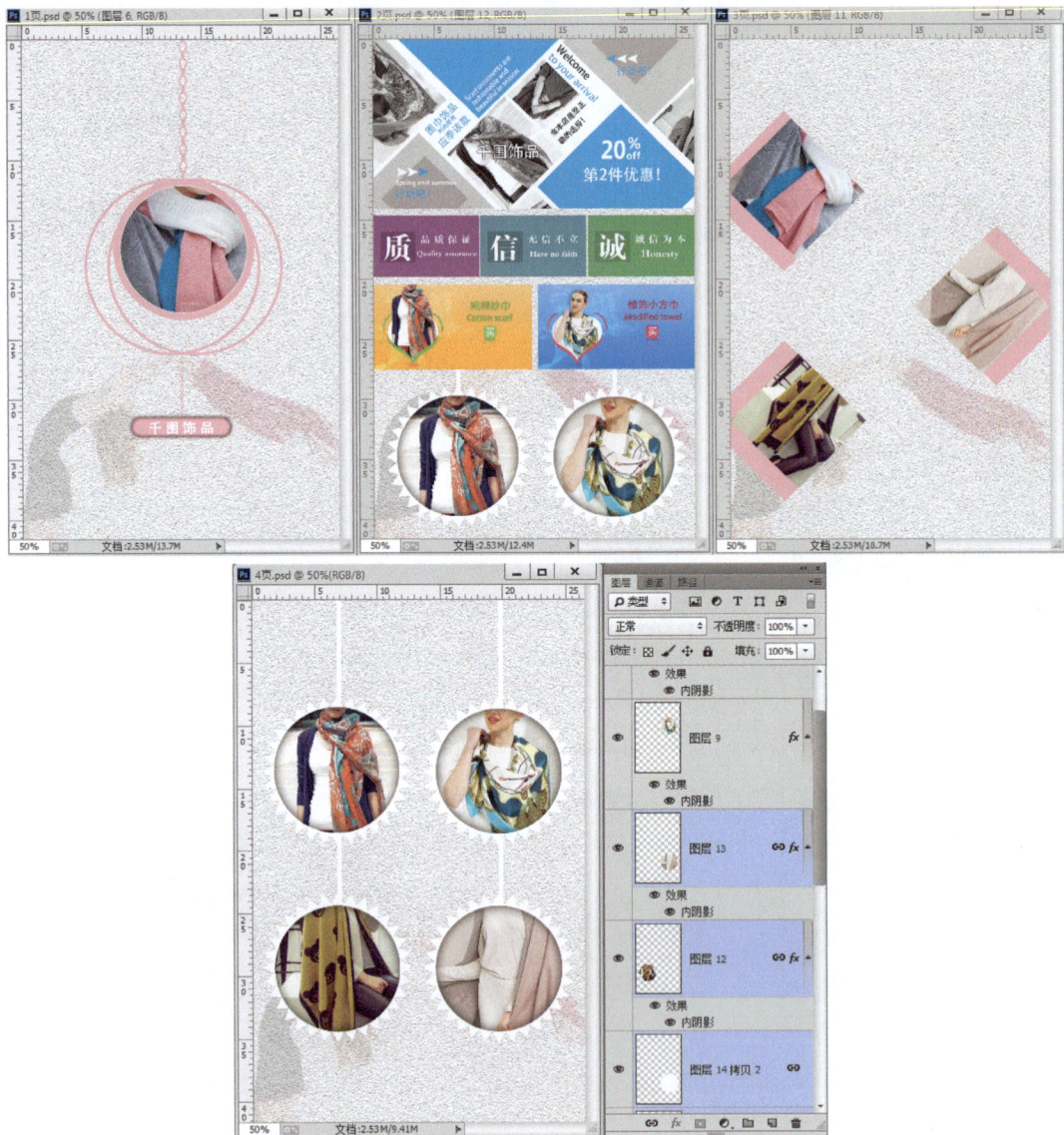

图 7-29　模板

（2）进入淘宝后台，将储存的 png 格式的图片上传到"图片空间"中，如图 7-30 所示。

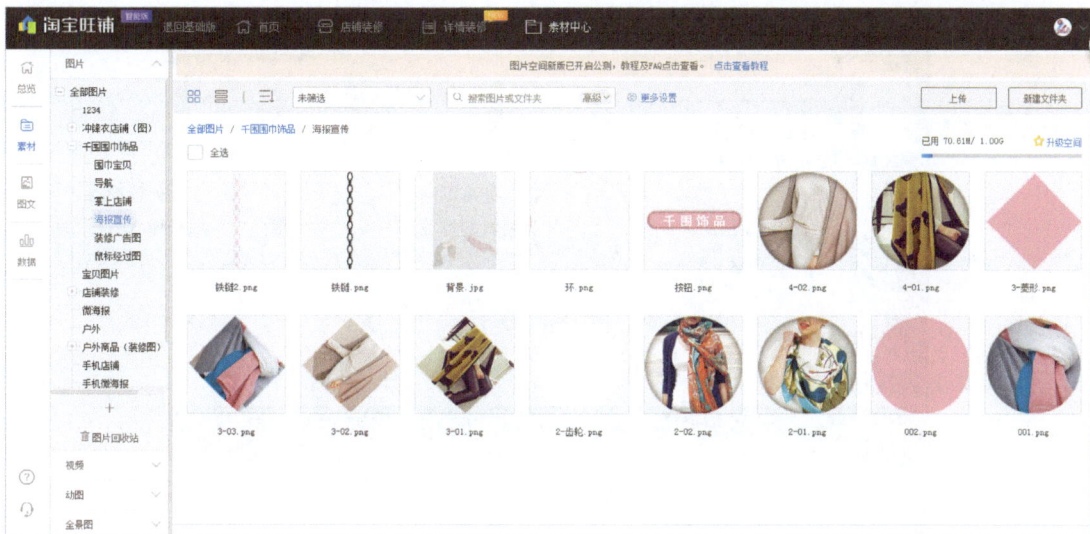

图 7-30　图片空间

（3）在"出售中的宝贝"处单击"创建微海报"按钮，进入模板区，选择"创建空白海报"命令，如图 7-31 所示。

图 7-31　选择"创建空白海报"命令

（4）选择"创建空白海报"命令后，进入新的微海报页面，如图 7-32 所示。

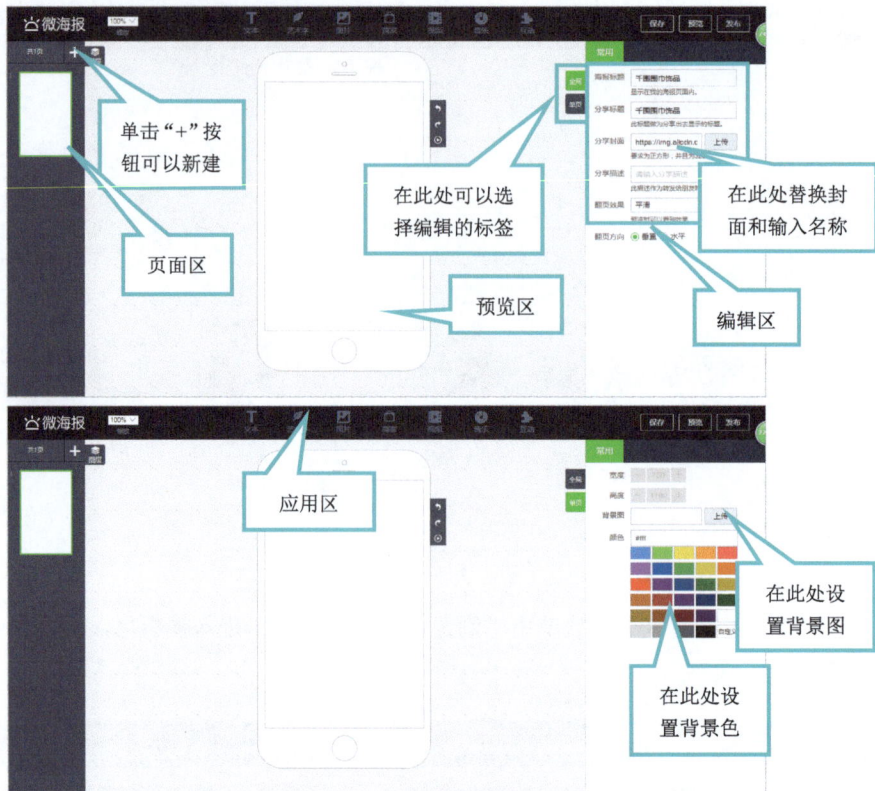

单击"+"按钮可以新建

页面区

在此处可以选择编辑的标签

预览区

在此处替换封面和输入名称

编辑区

应用区

在此处设置背景图

在此处设置背景色

图 7-32　空白微海报

（5）全局设置完毕后选择"单页"标签，单击编辑区"背景图"后面的"上传"按钮，在弹出的"图片空间"对话框中选择背景图，如图 7-33 所示。

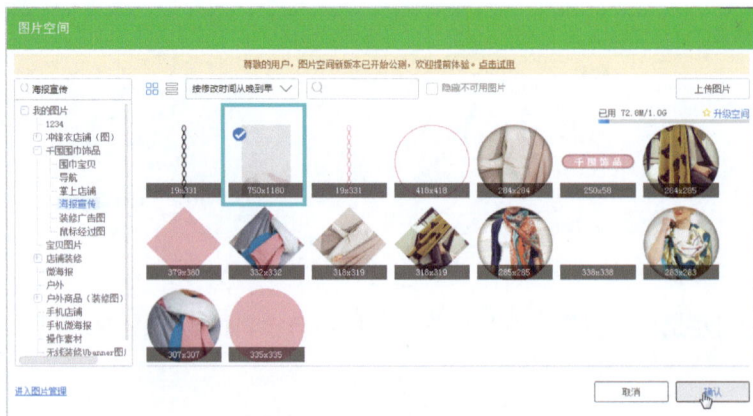

图 7-33　选择背景图

（6）选择背景图后单击"确认"按钮，即将背景图添加到微海报的背景中，如图 7-34 所示。

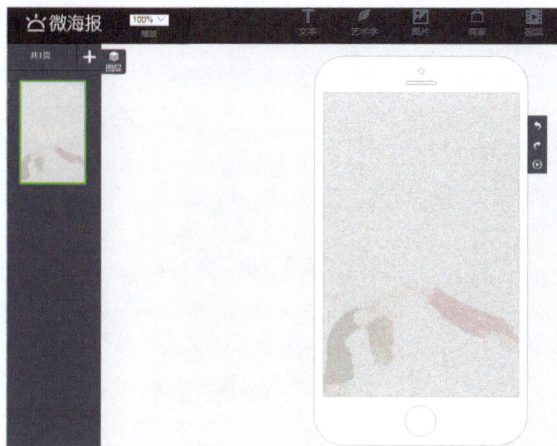

图 7-34　插入的背景图

（7）在应用区中单击"图片"按钮，在弹出的"图片空间"对话框中选择图片，如图 7-35 所示。

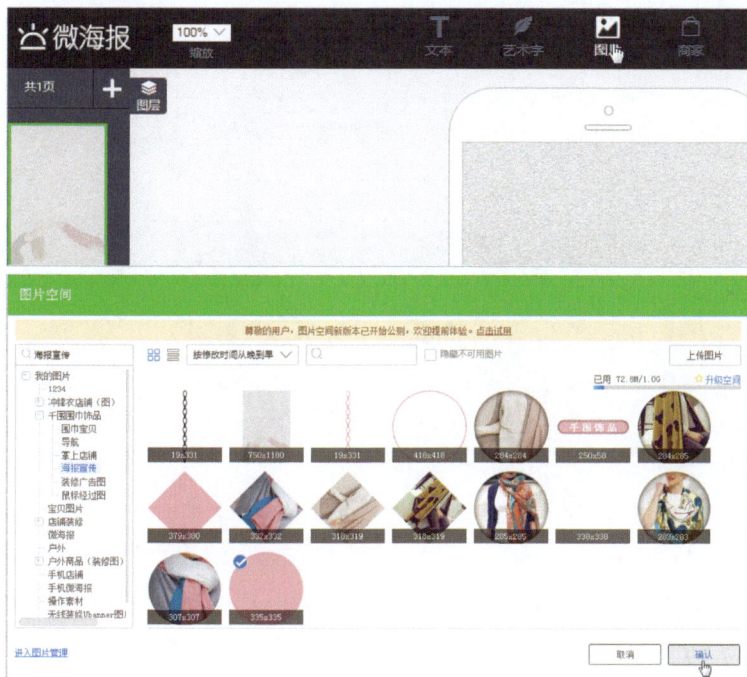

图 7-35　选择图片

（8）单击"确认"按钮后可以将图片添加到页面中，将此图片前面的围巾图片添加进来，如图 7-36 所示。

图 7-36　插入的图片

（9）使用同样的方法插入页面 1 中的其他图片，拖动控制点调整图片大小，如图 7-37 所示。

（10）选择"铁链"素材，先按"Ctrl+C"快捷键复制，再按"Ctrl+V"快捷键粘贴，拖动控制点将其缩小并移动到按钮上方，如图 7-38 所示。

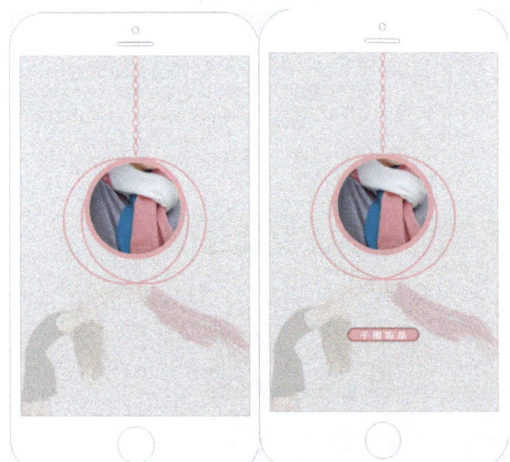

图 7-37　添加图片

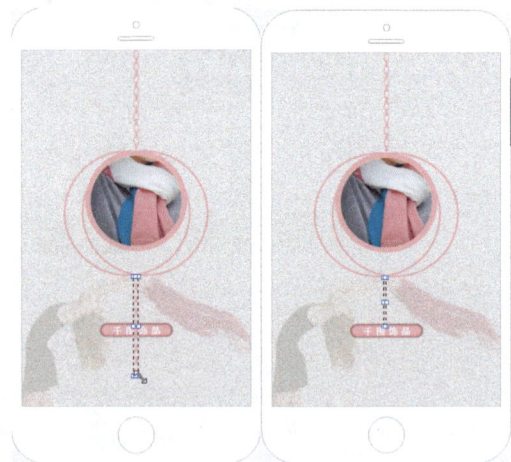

图 7-38　复制并调整

（11）在应用区单击"商家"按钮，在下拉菜单中选择"进店"命令，此时会弹出"进入店铺"按钮，如图 7-39 所示。

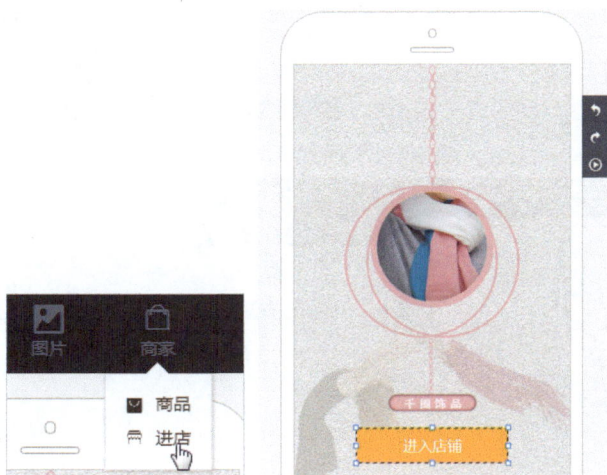

图 7-39　选择"进店"命令

（12）单击"进入店铺"按钮，在编辑区单击"设置"按钮，将本店的链接自动输入，并复制店铺地址，如图 7-40 所示。

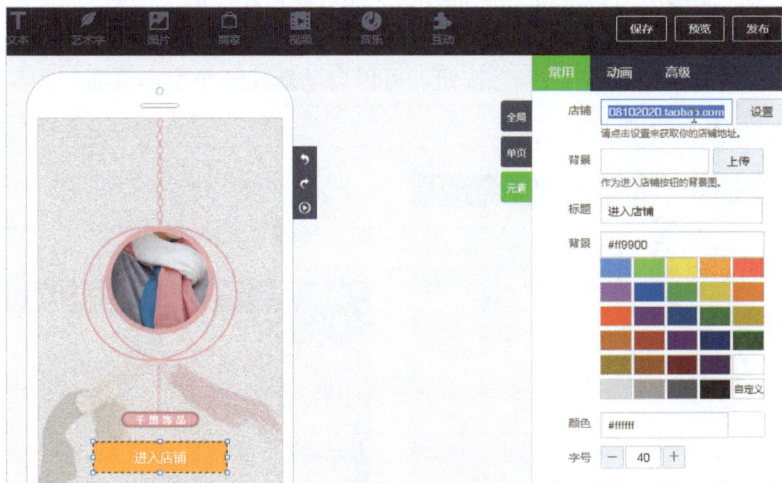

图 7-40　复制地址

（13）选择"千围饰品"按钮，在编辑区中单击"元素"标签，并选择"触发"命令，在本页面中粘贴跳转地址，如图 7-41 所示。

（14）将"进入店铺"按钮删除。下面为页面中的各个元素添加动画，这里以"千围饰品"按钮为例，其他元素的添加方法与此相同。在"预览区"选择对应的图片后先单击"动画"按钮，再在弹出的菜单中选择"进入"标签，最后选择对应的动画内容即可，如图 7-42 所示。

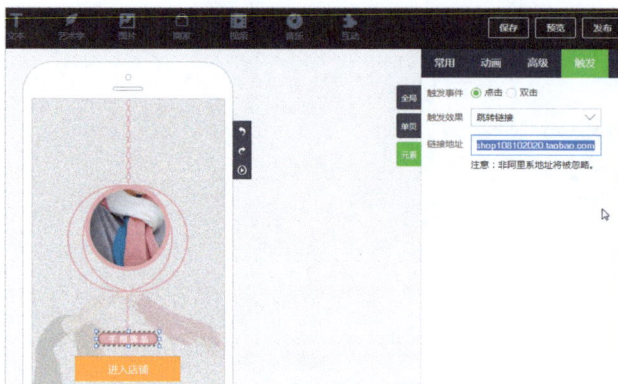

图 7-41　粘贴地址

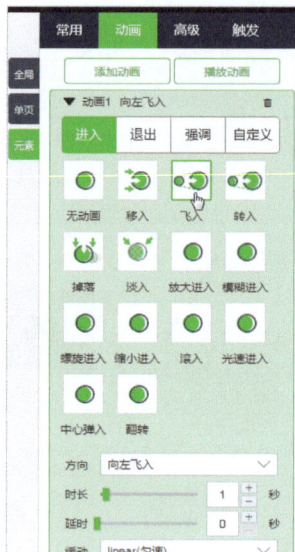

图 7-42　添加动画

（15）添加第一个动画后，单击"添加动画"按钮，在弹出的"动画 2"中选择"强调"标签，并选择"斜摆"动画，设置动画的属性，如图 7-43 所示。

（16）在设计器的页面区单击"+"按钮，可以自动新建一个空白页面，为其应用与页面 1 相同的背景图，如图 7-44 所示。

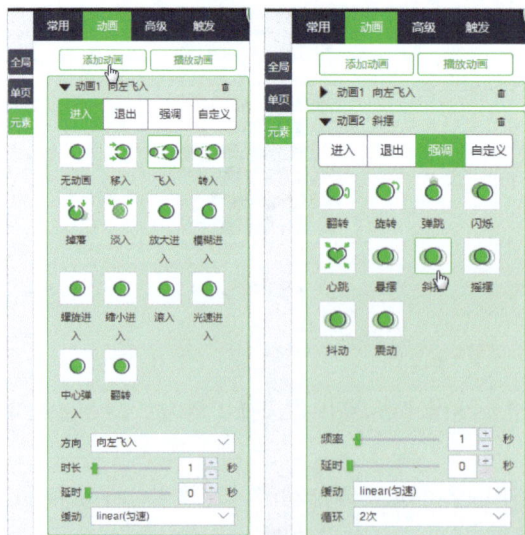

图 7-43　设置属性

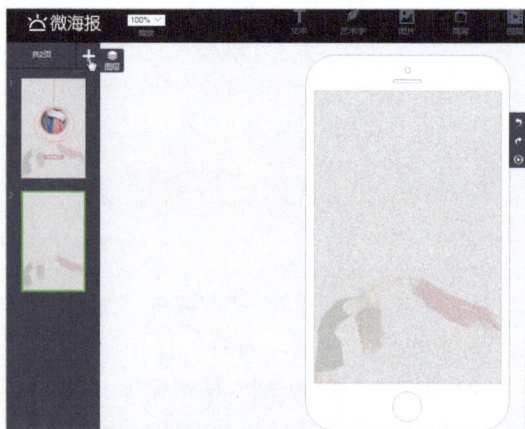

图 7-44　新建页面

（17）单击应用区的"互动"按钮，在下拉菜单中选择"轮播图"命令，如图 7-45 所示。

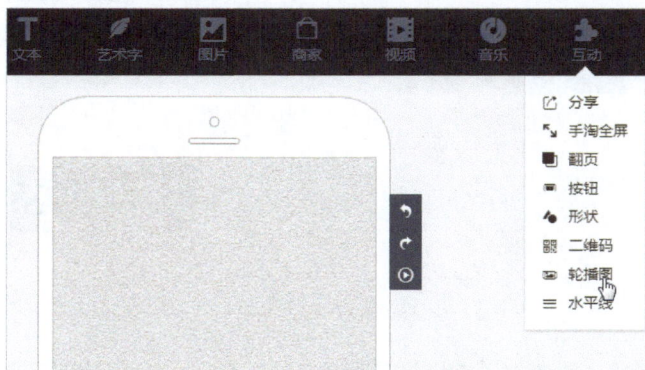

图 7-45 选择"轮播图"命令

（18）在预览区中插入轮播图模块后，在编辑区中选择"高级"选项，将轮播图宽度和高度设置为 750 像素和 400 像素，如图 7-46 所示。

图 7-46 添加页面并编辑

（19）在编辑区选择"常用"选项，单击"添加"按钮再添加一张图片，并单击图片上的"插入图片"按钮，如图 7-47 所示。

（20）在打开的"图片空间"对话框中选择轮播图图片，如图 7-48 所示。

图 7-47　插入图片

图 7-48　选择图片

（21）再插入一张轮播图图片，如图 7-49 所示。

图 7-49　再插入一张轮播图图片

（22）将其他轮播图图片插进来，为页面 3、页面 4 插入图片，并添加合适的动画效果，如图 7-50 所示。

图 7-50　插入图片并添加动画效果

（23）新建页面 5，为其应用与之前的页面相同的背景，单击应用区中的"互动"按钮，在下拉菜单中选择"分享"命令，如图 7-51 所示。

（24）复制分享按钮，在编辑区更改文字，效果如图 7-52 所示。

图 7-51　应用分享

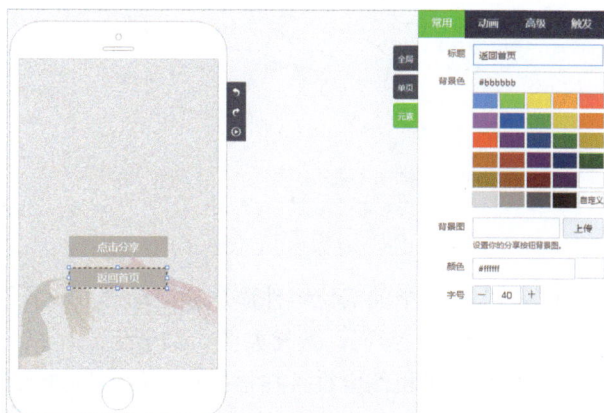

图 7-52　编辑文字

（25）在编辑区单击"触发"标签，在弹出的菜单中选择"触发事件"为"点击"、"触发效果"为"翻页"、"跳转到"为"第 1 页"，如图 7-53 所示。

（26）单击应用区中的"互动"按钮，在下拉菜单中选择"二维码"命令，如图 7-54 所示。

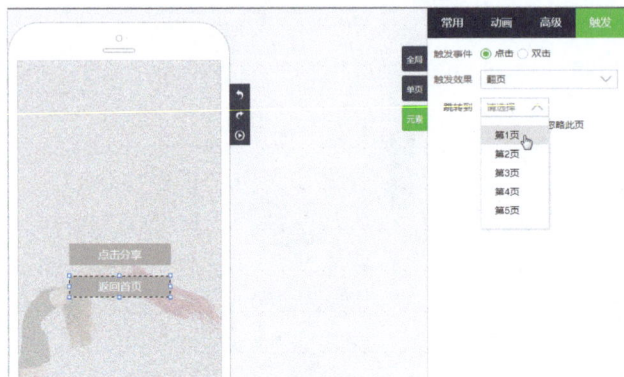

图 7-53　编辑

图 7-54　添加二维码

（27）在编辑区中将店铺的地址复制到链接处，如图 7-55 所示。

（28）插入店铺的店标，效果如图 7-56 所示。

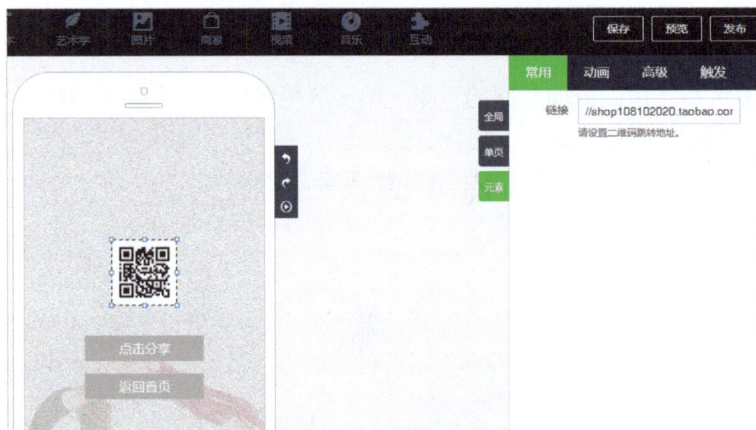

图 7-55　链接地址

图 7-56　插入店标

（29）为页面中的其他组件添加相应动画并设置链接，单击"保存"按钮后，再单击"发布"按钮，创建新的二维码，效果如图 7-57 所示。

（30）使用手机淘宝直接扫描二维码就可以进入"千围饰品"微海报中，预览效果如图 7-58 所示。

图 7-57　发布后效果

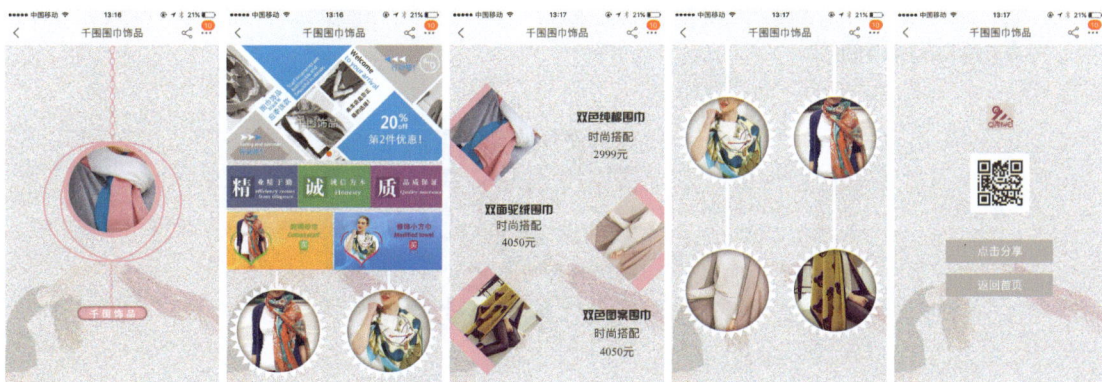

图 7-58　预览效果

> 　　也可以为制作的微海报添加音乐，只要在应用区单击"音乐"按钮，在编辑区添加音乐即可，如图 7-59 所示。

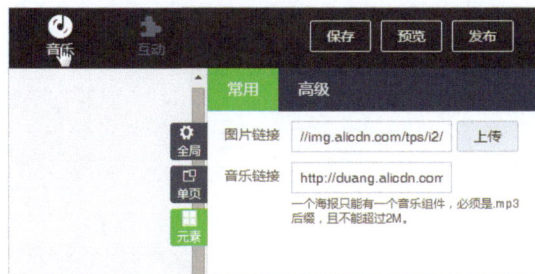

温馨提示

图 7-59　添加音乐

第 8 章
自媒体公众号与微淘推广

本章内容请扫码阅读。

第 9 章

其他自媒体平台

本章重点：

✦ 今日头条

✦ 企鹅号

✦ 东方号

✦ 知乎

随着网络迅速发展，单单依托网络进行信息搜索、社交等已经不能满足当今人们的需求了，在此基础上孕育出的自媒体平台可以说是现在非常流行的互动方式，其中使用比较多的有知乎、今日头条等。

在自媒体平台不但可以发布图文信息、图集、视频等内容，还可以发布一些短视频，不同领域的自媒体平台能够满足不同人的需求。

通过自媒体平台还可以积累粉丝，对个人或团队进行宣传，增加知名度，最终从中获益。

本章就为大家简单讲解通过一些比较流行的自媒体平台为个人或商品进行宣传和推广的方法，从而辅助网店增加收益。

9.1 今日头条

今日头条是一款基于数据挖掘的推荐引擎产品，为用户推荐有价值的、个性化的信息，提供连接人与信息的新型服务，是国内移动互联网领域成长最快的产品服务之一。它由国内互联网创业者张一鸣于 2012 年 3 月创建，于 2012 年 8 月发布第一个版本。

今日头条是现在非常流行的自媒体之一，用户数量也是各个平台中的佼佼者，头条产品包括问答、头条号、图虫、正版图库、广告投放和懂车帝。在今日头条中，可以通过发布文章和视频来吸引大量粉丝，粉丝多了就可以根据阅读量创造效益！

本节就为大家讲一下头条号的一些圈粉和推广方法。

9.1.1　发布文章

在今日头条注册账号后就可以在"头条号"中发表文章了，具体的发布方法如下。

操作步骤

（1）从 PC 端进入今日头条平台，单击"头条产品"标签，在下拉菜单中选择"头条号"选项就可以进入"头条号"界面，单击"图文"按钮，在下拉菜单中选择"发表文章"命令，如图 9-1 所示。

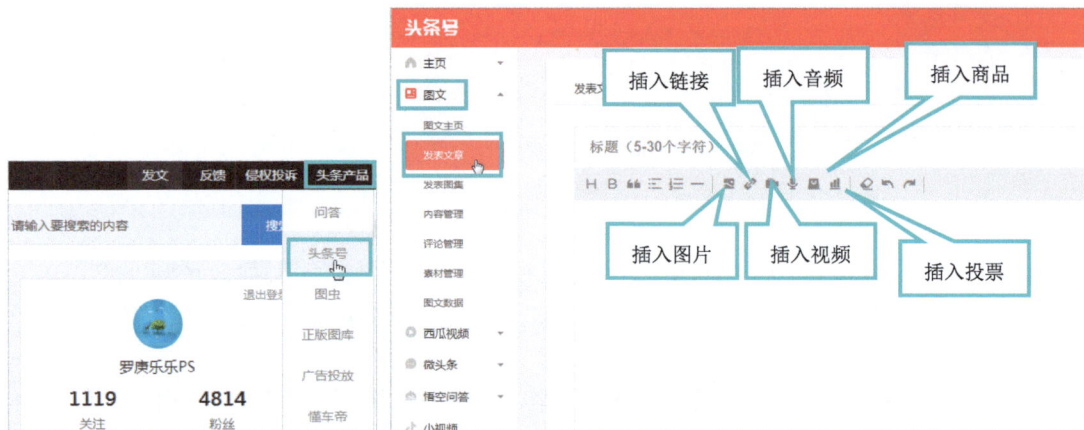

图 9-1　选择"发表文章"命令

（2）选择"发表文章"命令后，可以设置文章的标题和正文，如图 9-2 所示。

图 9-2　发表文章

（3）编写完标题和正文后，可以为文章设置扩展链接，这里以百度首页地址为例："封面"选择"单图"，在弹出的"正文图片"标签中选择一张在文章中使用过的图片；在"设置"区选择"投放头条广告"；在"参与活动"区可以选择一个相对应的活动，也可以不选择。设置完毕后单击"发表"按钮就可以将文章发表了，如图 9-3 所示。

图 9-3　为文章设置扩展链接

温馨提示

　　投放头条广告可以让浏览者在阅读文章时查看头条号为发布者提供的广告，看广告的人越多发布者的收益就越多；投放自营广告可以让发布者发布一些自己店铺的链接或自营广告，也可以是官方广告。发布官方广告相对于自营广告来说比较难，所以建议大家先申请自营广告，做起来后再申请官方广告。

（4）文章发表成功后，在查看文章时就可以看到已经发表的文章，创建的链接会以"了解更多"文字按钮的形式显示，如图 9-4 所示。

图 9-4　发表的文章

（5）单击链接文字就可以进入链接地址，如图 9-5 所示。

图 9-5　链接地址

9.1.2　在文章中添加商品

在"头条号"中发布文章的时候，也可以添加一些商品信息，商品可以是自己店铺中的商品，也可以是淘宝、天猫店铺中的商品，具体的添加方法如下。

操作步骤

（1）进入头条号文章发布界面，单击"插入商品" 🖳 图标按钮，如图 9-6 所示。

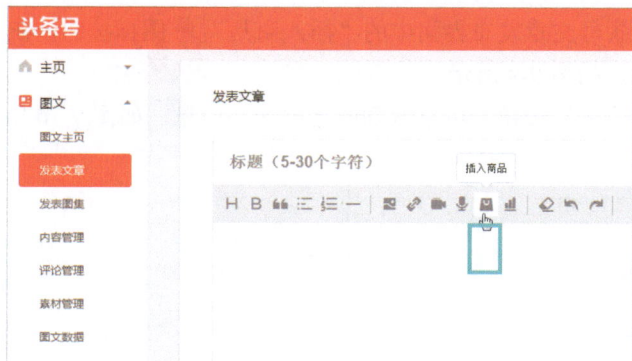

图 9-6　单击"插入商品"按钮

（2）单击"插入商品"按钮后，先在"选品库"中选择商品，再单击"选取商品"按钮，可以看到商品的标题、售价、平台及图片，如图 9-7 所示。

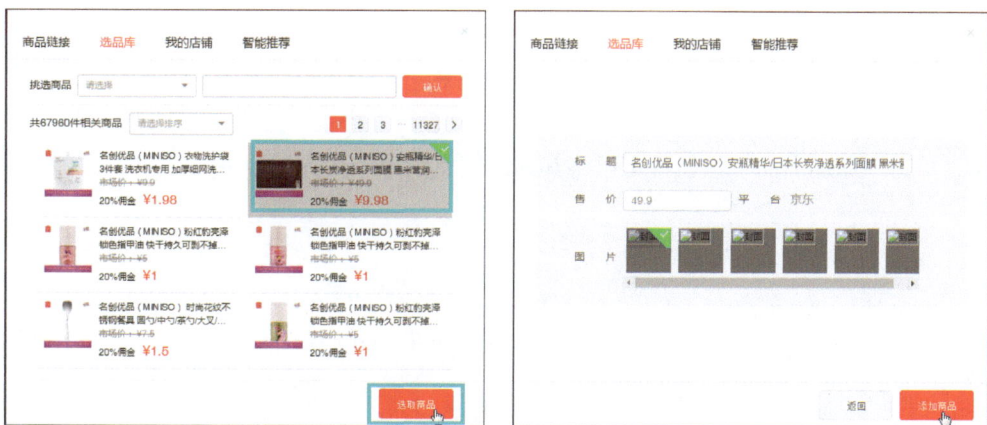

图 9-7　选取商品

（3）单击"添加商品"按钮，可以将商品添加到文章中，如图 9-8 所示。

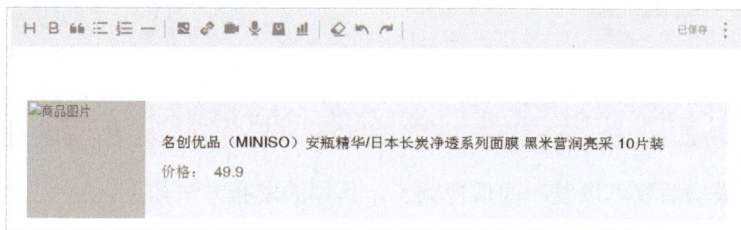

图 9-8　添加商品

237

（4）再次单击头条号文章发布界面中的"插入商品" 📷 图标按钮，在"商品链接"标签中添加商品的链接地址，如图9-9所示。

（5）单击"获取信息"按钮，可以看到商品的一些信息，如图9-10所示。

图9-9　插入图片

图9-10　获取信息

（6）单击"添加商品"按钮，可以将其添加到文章中，如图9-11所示。

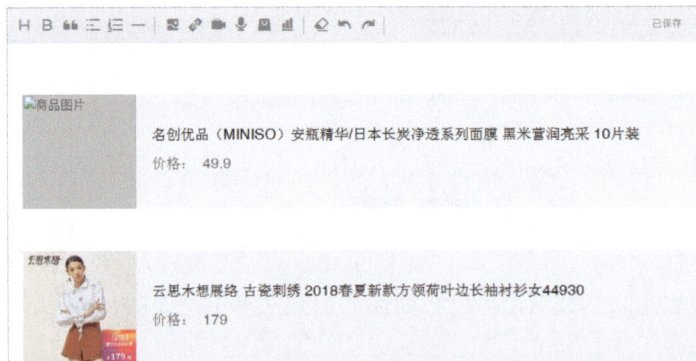

图9-11　添加商品

9.1.3　发布视频消息

头条号注册成功后就可以发布西瓜视频了，具体的发布方法如下。

操作步骤

（1）从PC端进入今日头条平台，单击"头条产品"标签，在下拉菜单中选择"头条号"

选项就可以进入"头条号"界面,单击"西瓜视频"按钮,在下拉菜单中选择"发表视频"命令,如图 9-12 所示。

图 9-12　选择"发表视频"命令

(2)选择"发表视频"命令后,进入到此功能标签中,单击"上传视频"按钮,在弹出的对话框中选择视频,如图 9-13 所示。

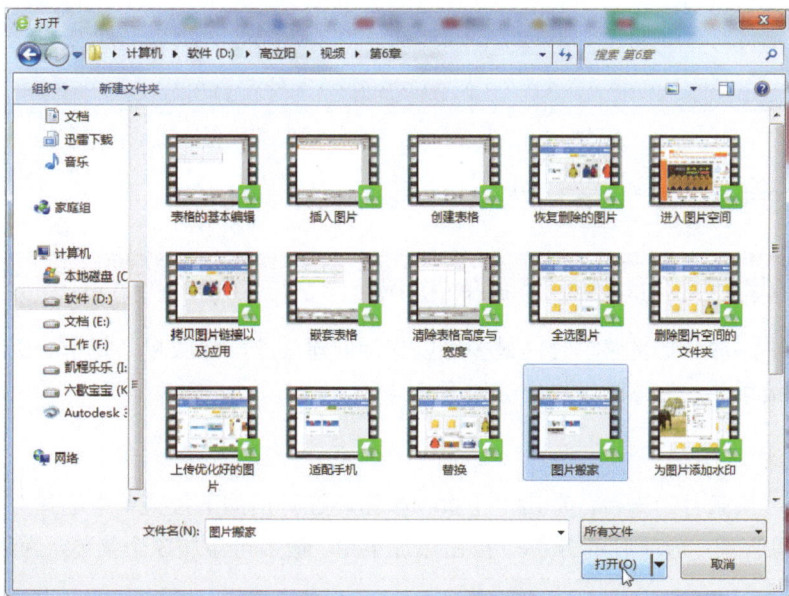

图 9-13　选择视频

（3）选择视频后单击"打开"按钮，视频上传成功后设置标题、视频简介、封面等，如图9-14所示。

图9-14　设置标题、视频简介、封面等

（4）设置完毕后单击"发表"按钮就可以将选择的视频发表了。

9.1.4　添加自定义菜单

在头条号中添加自定义菜单时，最多可以支持创建3个一级菜单，每个一级菜单下面最多可创建5个二级菜单，具体的添加方法如下。

操作步骤

（1）进入"头条号"平台，单击"主页"按钮，在弹出的下拉菜单中选择"自定义菜单"选项，在"菜单管理"选项后单击"+"按钮添加菜单，最多可添加3个菜单，为菜单输入名称，如图9-15所示。

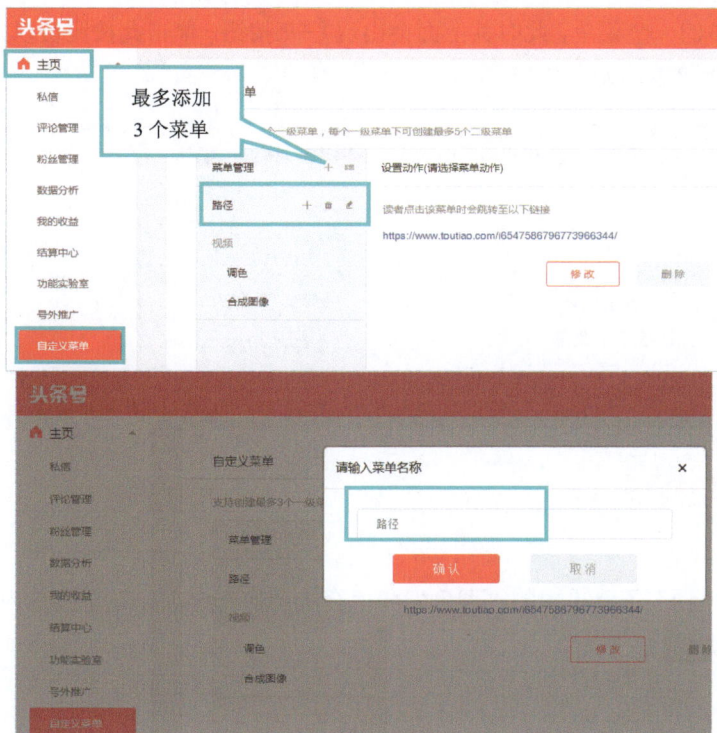

图 9-15 添加菜单

（2）单击"确认"按钮后添加主菜单，并输入链接地址，如图 9-16 所示。

图 9-16 添加链接

温馨提示

头条号中的链接地址必须是已经发表的文章或视频地址。

（3）选择其中的一个菜单，此时其上面会出现"+"按钮，单击此按钮可以为其添加子菜单，最多可添加 5 个子菜单，如图 9-17 所示。

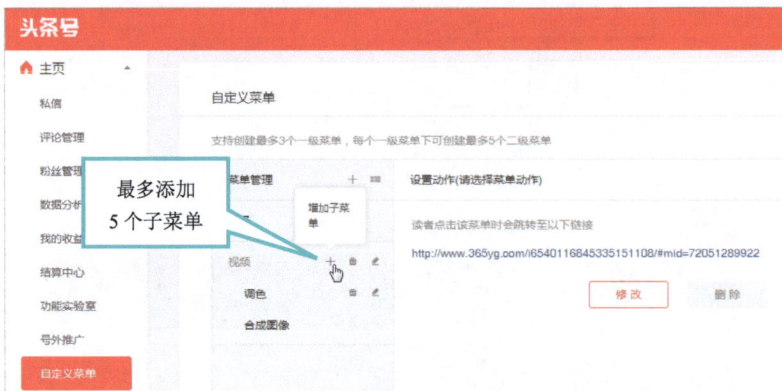

图 9-17　添加子菜单

（4）选择"视频"子菜单中的"调色"和"合成图像"选项，在子菜单内容区设置链接地址，如图 9-18 所示。

图 9-18　设置子菜单

　　在头条号的自定义菜单中，如果为主菜单添加了链接地址，就不能为其添加子菜单了。

温馨提示

　　（5）设置完毕后等待审核，审核通过后就可以看到自定义菜单了，在手机或移动端单击就可以进行链接了，如图 9-19 所示。

图 9-19　自定义菜单

9.1.5　发布微头条

　　在头条号中可以文本和图像的方式发布微头条，输入文字后上传图片就可以了，如图 9-20 所示。

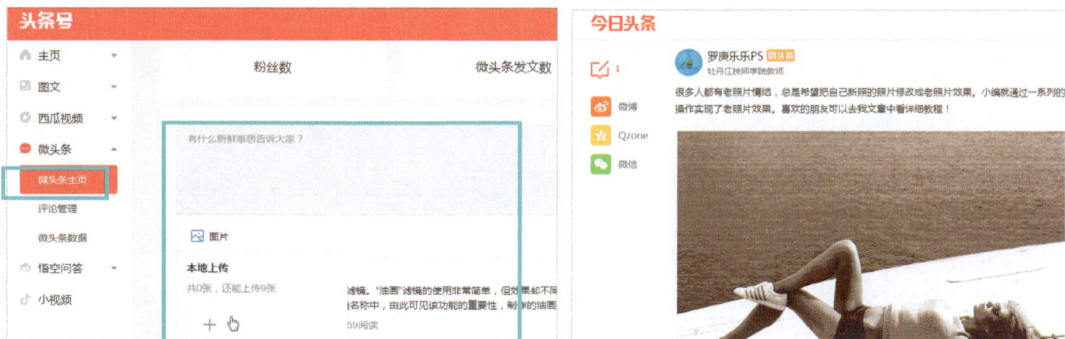

图 9-20　发布微头条

9.1.6　发布小视频

小视频的发布最好在手机端的火山小视频中进行，随时拍摄随时发布，操作起来非常容易。

9.2　企鹅号

企鹅号是腾讯旗下的一站式内容创作运营平台，致力于帮助媒体、自媒体、企业、机构获得更多曝光与关注，持续扩大品牌影响力和商业变现能力，扶植优质内容生产者做大做强，建立合理、健康、安全的内容生态体系。

企鹅号的内容可以与微信公众号进行同步，这样操作起来更省事、省力。企鹅号界面如图 9-21 所示。

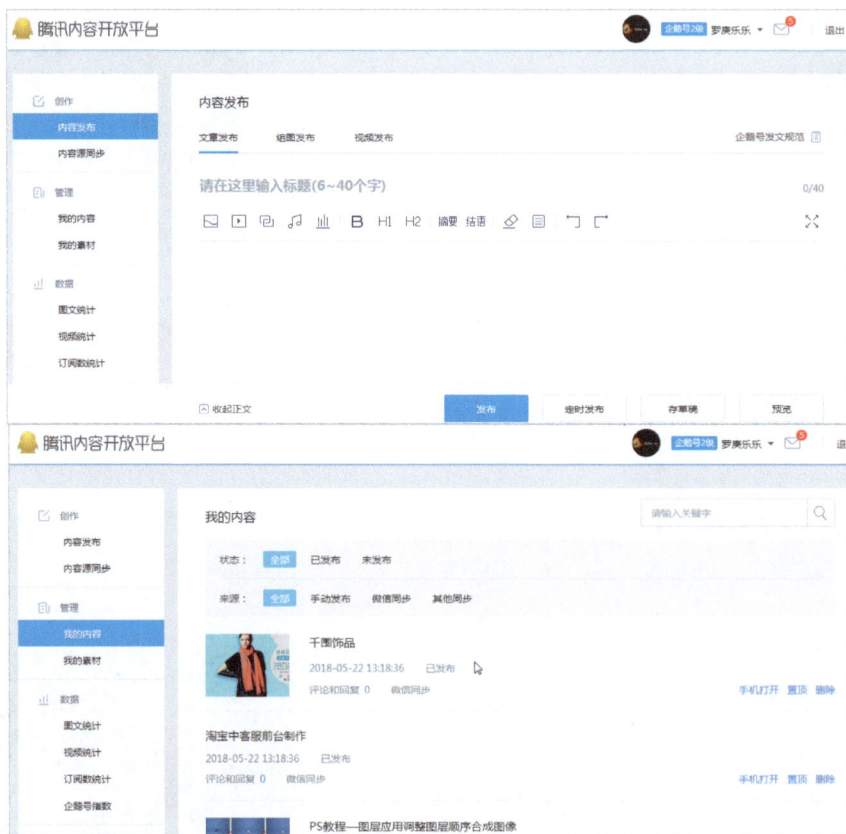

图 9-21　企鹅号界面

9.3 东方号

东方号是一款智能的新闻资讯聚合的头条新闻软件，基于数据挖掘，为用户推荐当日头条新闻、国内外快讯、娱乐新闻、新闻资讯、财经新闻及各个类型的热点新闻资讯。

东方号是一个入驻成功就能享受收益的平台，所以自上线以来受到了很多自媒体作者的关注。东方号界面如图 9-22 所示。

图 9-22 东方号界面

图 9-22　东方号界面（续）

9.4　知乎

知乎是中文互联网最大的知识社交平台之一，拥有认真、专业和友善的独特氛围，聚集了各行各业的精英。在这里，用户分享着彼此的专业知识、经验和见解，为中文互联网源源不断地提供高质量的信息，知乎界面如图 9-23 所示。

图 9-23　知乎界面